O SACRAMENTO
DO ABORTO

GINETTE PARIS

O SACRAMENTO DO ABORTO

Tradução de
Mª DA CONCEIÇÃO FORNOS DE MAGALHÃES

Editora
Rosa dos
Tempos

Rio de Janeiro
2000

CIP-Brasil. Catalogação-na-fonte
Sindicato Nacional dos Editores de Livros, RJ.

P259s   Paris, Ginette, 1946-
    O sacramento do aborto / Ginette Paris; tradução de Maria da Conceição Fornos de Magalhães. – Rio de Janeiro: Record: Rosa dos Tempos, 2000.

    Tradução de: The sacrament of abortion
    ISBN 85-01-05470-4

    1. Aborto – Aspectos religiosos. 2. Aborto – Aspectos morais e éticos. I. Título.

00-0051
CDD – 363.46
CDU – 173.4

Título original norte-americano:
THE SACRAMENT OF ABORTION

Copyright © 1992 by Spring Publications, Inc.

Todos os direitos reservados.
Proibida a reprodução, no todo ou em parte, através de quaisquer meios.

Direitos exclusivos de publicação em língua portuguesa para o Brasil adquiridos pela
DISTRIBUIDORA RECORD DE SERVIÇOS DE IMPRENSA S.A.
Rua Argentina 171 – Rio de Janeiro, RJ – 20921-380 –Tel.: 585-2000
que se reserva a propriedade literária desta tradução

Impresso no Brasil

ISBN 85-01-05470-4

PEDIDOS PELO REEMBOLSO POSTAL
Caixa Postal 23.052
Rio de Janeiro, RJ – 20922-970

EDITORA AFILIADA

Este livro é dedicado a Joanna Mott.

SUMÁRIO

Agradecimentos 9

Introdução 11
   A selvagem 11
   Por que voltar à mitologia? 12
   Como se pode mudar um mito? 14
   Uma entre muitas 17

Breve história da contracepção e do aborto 21
   Vamos recordar alguns fatos simples 30
   Dê-nos seus filhos! 34

Ela tem um coração forte 41
   Quem é Ártemis? 41
   Ela atira, ela mata! 44
   Ifigênia como vítima 47

Ifigênia como heroína   48
O que é o sacrifício humano?   53
Cristianismo: uma religião de sacrifícios   56
O desperdício de seres humanos   60
Às vezes a morte é a melhor opção   62
A guerra entre os sexos é uma guerra religiosa   63
O aborto é um ato sagrado   68
Cristãos: ponham seu dinheiro no lugar da boca!   69
Filho contra mãe   75
Não perturbe   82

Histórias de mulheres   87
O que querem as mulheres?   87
A metáfora do parto   93
A cura da culpa   102
Adeus, meu amor   107
Pecadora, não: estúpida!   111
Vergonha e culpa   113

Notas   119

AGRADECIMENTOS

Esta obra foi primeiro publicada na França como *L'Enfant, l'Amour, la Mort* (Quebec: Edições Nuits Blanches, 1990).

O livro é uma extensão e elaboração de idéias apresentadas, primeiro, no capítulo sobre Ártemis em *Pagan Meditations* (Dallas, Spring Publications, 1986).

Spring Audio, Inc. (Woodstock, Connecticut, e cidade de Nova Iorque) produziu um áudio cassete com o mesmo nome (*The Sacrament of Abortion*), que é uma conversa entre Ginette Paris e James Hillman (e não uma leitura do texto deste livro).

INTRODUÇÃO

A Selvagem

Ao longo deste livro busquei inspiração numa figura da mitologia grega, Ártemis (conhecida dos romanos como Diana, a Caçadora). Ela é uma deusa indomada, campeã do que hoje chamaríamos de valores ecológicos. Eu a escolhi para enriquecer estas reflexões sobre o aborto porque seu mito é cheio de elementos contraditórios, a mesma espécie de contradição abundante em considerações sobre o aborto. Ártemis é tanto a protetora dos animais selvagens quanto a caçadora que os mata com pontaria infalível. Como a mesma divindade pode ser a santa padroeira dos caçadores e a protetora dos animais? As mulheres gregas invocavam seu nome durante as dores do trabalho de parto, mas se uma mulher tivesse que morrer ou a criança não pudesse sobreviver, atribuía-se a Ártemis uma morte rápida, considerada preferível, aos olhos gregos, a uma longa agonia ou uma vida de sofrimento.

A mesma deusa, portanto, oferece proteção e também morte a mulheres, crianças e animais. Por que estas contradições? Por que são elas personificadas numa divindade feminina? É um jeito de dizer que a força protetora de uma mulher não pode funcionar adequadamente se não possuir também força total, isto é, o poder sobre a morte tanto quanto sobre a vida? A imagem dela nos pertence assim como pertencia à Antigüidade, porque como todas as imagens fundamentais da experiência humana, que C. G. Jung chamou de arquétipos, ela nunca envelhece, mas reaparece em diferentes formas e símbolos. Assim, podemos nos perguntar o que está acontecendo hoje a este arquétipo, que associa de maneira paradoxal o amor à vida e a aceitação da morte. Ela nos incentiva a tornarmo-nos mais conscientes do poder da morte, sua natureza inevitável e seu papel necessário numa ecologia viva. Aborto quer dizer amor, vida e morte.

Por que voltar à mitologia?

A mitologia nos fala sobre o que é ser humano. Todos nascemos de pais que se tornam nossas principais divindades por considerável período de nossas vidas. Mais cedo ou mais tarde, todos temos que nos desligar e assumir

INTRODUÇÃO

nossa luta contra as forças do mal. Todos nos defrontamos com o mistério do outro sexo e o mistério da natureza. Todos temos responsabilidade pela geração que nos precedeu e a próxima. A caminho do fim, após uma vida cheia de aventuras (internas e externas), tentamos compreender o sentido disso tudo, e então morremos. É disto que trata a mitologia, imagens e histórias que representam, simbolicamente, o que é universal na vida humana. Ela é uma expressão de como vemos a realidade, não uma explicação, como é a ciência. A mitologia é tão fundamental para os seres humanos que todas as culturas, sem exceção, criam a sua. A nossa se expressa hoje através da literatura, do cinema, da televisão, da propaganda, da moda, da canção. Ela se revela nas pessoas que escolhemos para homenagear, as celebridades que chamam nossa atenção, as decisões econômicas, políticas e culturais que tomamos. Em suma, a mitologia está para a cultura assim como os sonhos e símbolos estão para o indivíduo. Ninguém pode sobreviver sem sonhar (acordado ou dormindo), e nenhuma cultura pode resistir sem mitos. Era a isto que se referia o mitólogo Joseph Campbell quando disse que o mito é um sonho coletivo, ao passo que o sonho é um mito pessoal.

GINETTE PARIS

Como se pode mudar um mito?

Nós desempenhamos muitos papéis na tela interna de nosso mito pessoal — herói ou heroína, vítima ou salvador, filho ou pai, donzela tímida ou cavaleiro valente, figura de mãe ou velho sábio. Estes papéis são arquetípicos, isto é, são básicos para nosso ser psicológico. Os arquétipos são a base de todos os mitos, pessoais ou coletivos; incluem idéias, emoções, atitudes, valores e comportamento. C. G. Jung chamou este emaranhado de níveis de "complexo". Estes complexos, ou arquétipos, compõem nossos enredos básicos. A proliferação de livros de psicologia popular que tratam de complexos de todos os tipos mostra como é difícil tomar consciência destes enredos, para nos distanciar de papéis que já não nos são adequados.

A mitologia judaico-cristã teve a mais importante influência na cultura ocidental por mais de dois mil anos, fornecendo idéias, valores e imagens simbólicas. Podemos apagar dois mil anos de influência monoteísta renunciando a toda a prática religiosa e nos declarando livres da fé de nossos pais? É claro que não, como foi provado por nosso repentino despertar para os valores ecológicos. Estamos apenas começando a compreender como uma religião, que despe a natureza de sua santidade para colocar tudo que é sagrado em um Deus (cujo reino não é deste mundo), pode ser perigosa para as árvores, os animais, os oceanos, as florestas e a consciên-

INTRODUÇÃO

cia do corpo, todos considerados receptáculos do divino na antigüidade politeísta. Não é tão simples esquecer a mitologia judaico-cristã, porque não temos idéia até que ponto ela permanece subjacente em nosso inconsciente do bem e do mal, nas opções que fazemos, o que aparentemente nada tem a ver com religião. Contudo, ela está viva em nossas mais íntimas reações emocionais, quando de repente surgem sentimentos de sofrimento e culpa sem que saibamos a causa. Nossas atitudes em relação ao aborto estão gravadas no inconsciente pelos valores judaico-cristãos, mesmo entre as pessoas que se consideram completamente livres deles.

Estamos agora no limiar de uma liberalização de atitude em relação ao aborto, comparável de várias maneiras à libertação do comportamento sexual trinta anos atrás. Quando os métodos contraceptivos se difundiram após a Segunda Guerra Mundial, parecia o fim da repressão sexual e dos valores vitorianos. O comportamento sexual passou por total inversão e surgiu um novo mito no cinema, na literatura e na propaganda, no qual as mulheres ficaram mais sensuais e reivindicaram o direito ao prazer sexual sem que sua moralidade fosse questionada. Mas as mulheres (e também os homens que as incentivaram) descobriram que dar-se permissão não era suficiente para garantir-lhes o prazer. "Relaxe e goze" não era tão fácil, mesmo que isso fosse exatamente o que elas mais queriam. Há uma premissa básica na psicoterapia segundo a qual é difícil mudar qualquer realidade psicológica quando ela permanece inconsciente. Ela nos controla sem que saibamos. A tomada de consciência do que nos controla é a chave mais importante para todas as abordagens terapêuticas. Se as mulheres não conseguiram libertar-se com facilidade, foi por causa da existência de proibições no inconsciente. A psicologia da sexualidade fez um longo percurso, em meio século, em parte porque mereceu muita atenção. A moralidade reprodutiva não nos fascina do mesmo modo que a moralidade sexual. Uma vez que a contracepção e depois o aborto se tornaram aceitáveis, já não demos muita importância aos métodos reprodutivos, e o resultado foi que o mito judaico-cristão em torno do aborto permanece conosco, embora em nível inconsciente.

Meu uso da mitologia pagã nestas páginas tem o intuito de estabelecer contraste. Quando comparada à mitologia do monoteísmo patriarcal, ela mostra que há mais de uma maneira de definir a moralidade, a dignidade humana, os direitos das crianças e a responsabilidade coletiva pelas questões da vida e da morte. Também está claro que tudo isto está intimamente ligado à ecologia global. Voltarei aos pagãos para realçar o que ainda é judaico-cristão dentro de nós.

INTRODUÇÃO

Uma entre muitas

A escolha de uma deusa dentre tantas da mitologia grega exige uma explicação. Por que Ártemis e não outra? Poderiam ser invocadas muitas outras divindades ligadas à ecologia ou ao aborto. Apesar de conhecer estes deuses e deusas de nosso passado pagão há vinte anos, todas as vezes em que presto atenção em apenas um não me sinto à vontade. Todos são importantes, principalmente a grande riqueza de seus relacionamentos; cada um é parte de uma equipe, parte da dinâmica de um grupo interminável. Ártemis, por exemplo, tem irmãs, irmãos, tias e tios — todos tão importantes para o todo quanto ela. Foi a maneira grega de dizer que a razão (Apolo) é tão importante quanto a emoção (Dioniso), que a guerra (Ares) está tão presente quanto o amor (Afrodite), que a criança precisa de um pai (Zeus) e uma mãe (Deméter), que o marido precisa da mulher (Hera), que a estabilidade (Héstia) é tão importante quanto a mudança (Hermes), que o sol (Apolo) precisa da irmã, a lua (Ártemis) — em suma, que cada divindade, cada arquétipo, representa uma parte da experiência humana e não tem sentido querer saber qual deles — cabeça ou coração, céu ou terra, feminino ou masculino, sol ou lua — deveria dominar o outro. A mitologia grega é um sistema complexo no qual não há espaço para todos e tudo, a não ser que se mantenha um certo equilíbrio e se respeitem certos territórios, simbolizados pelas batalhas, e os casos de amor dos deuses. As divindades fazem amor para criar novos princípios; elas lutam e se opõem entre si para delimitar suas zonas de poder e preservar seus direitos. Suas brigas incrivelmente pequenas representam as lutas interiores travadas em nossa própria consciência entre valores opostos. Também devemos burlar os mesmos princípios ao longo de nossas vidas, e isso não é tarefa fácil.

Mas é impossível lidar com o panteão todo de uma vez só; às vezes, numa festa, sentimos vontade de ir para um canto e conversar com uma pessoa. É neste sentido que me restrinjo a falar com Ártemis, desejando examinar em profundidade seu ponto de vista, mas com total respeito pelos outros deuses.

Este livrinho desenvolve a idéia de que o aborto é um ato sagrado, uma expressão da responsabilidade materna, e não uma falta de amor materno. Se as questões em torno de vida, morte, filhos e amor não são religiosas, ou ao menos espirituais, o que é religioso? Mas, se aceitamos o aborto como um ato religioso, surgem muitas perguntas. A que tipo de religião nos referimos? Quem a define? Que valores ela representa? Os valores judaico-cristãos, que podem ter sido necessários, talvez até redentores, dois mil anos atrás, parecem agora cada vez mais irresponsáveis, e tentarei mostrar como são infinitamente mais cruéis do que o aborto. O que vale uma posição moral sobre a reprodução se ela não se responsabiliza pelas crianças nascidas de um dever religioso? Que tipo de papa ("il papa" em italiano) investe em Wall Street em vez de suprir as necessidades dos famintos e desvalidos? Que tipo de moralidade fundamentalista

INTRODUÇÃO

dá as costas ao sofrimento de mães, casais e filhos quando os bebês não desejados vêm ao mundo? E, acima de tudo, como aceitar qualquer tipo de moralidade religiosa que perdeu de vista as implicações maiores de uma ecologia global?

BREVE HISTÓRIA DA CONTRACEPÇÃO E DO ABORTO

As mulheres sempre se preocuparam com o controle da natalidade, e não apenas quando a superpopulação se tornou um problema. Até nas sociedades mais repressoras, mesmo correndo risco de vida, elas acharam meios de praticar a contracepção e o aborto, os quais, na realidade, provaram ser mais um problema religioso do que técnico. No início da civilização, os hebreus já tinham descoberto os dias férteis do ciclo da mulher, usando esse conhecimento para aumentar a fertilidade. Na Grécia, os padres-médicos da escola de medicina de Hipócrates tinham que fazer um juramento solene (o famoso Juramento de Hipócrates) de não fornecer a qualquer mulher um "pessário de aborto". Este fato nos fala da existência de pessários de aborto e que as mulheres tinham que recorrer a outra pessoa, menos ao médico, para conseguir um! Na Roma imperial, um comentário de Juvenal revela que então, como agora, o aborto era fácil para as mulheres ricas e difícil para as pobres. "As mulheres comuns aceitam os perigos do parto e o cansaço de cuidar de um bebê. A pobreza as obriga a isso. Mas, nos leitos dourados, quase não se vê uma mulher em trabalho de parto, tal a eficiência de manobras e drogas que tornam as mulheres estéreis e matam os bebês no útero materno."[1] Mas o exemplo dado pela classe dominante é sempre contagioso, e é fácil admitir que as mulheres pobres também tomavam medidas contraceptivas e recebiam ervas abortivas das parteiras, apenas com mais dificuldade e risco.

Os romanos, hebreus, celtas e os primeiros germânicos permitiam às mulheres certo controle sobre a fertilidade, graças à ajuda das parteiras, embora as mulheres fossem subordinadas aos homens e fossem valorizadas principalmente por sua capacidade reprodutiva. Desde os tempos primitivos, as parteiras sempre aconselharam as mulheres sobre as questões relacionadas com parto, enfermagem, contracepção e aborto. Na Idade Média, o conhecimento delas acarretou-lhes a hostilidade do clero. Numa tentativa de afastar as mulheres das parteiras, a Igreja proibiu o uso dos remédios tradicionais que aliviavam as dores do parto, alegando que o desejo de melhorar esse sofrimento contrariava a vontade de Deus. A mitologia, como sempre, servia de justificativa: quando Deus expulsou Eva do paraíso, não rogou esta praga para ela e seus descendentes — a de sofrer ao dar à luz filhos? O desejo

BREVE HISTÓRIA DA CONTRACEPÇÃO E DO ABORTO

de aliviar essa dor era portanto uma ofensa a Deus e, conseqüentemente, as parteiras não deviam ajudar as mulheres. Os padres levaram essa praga a sério: em 1591, uma nobre escocesa, Eufame Macalyne, foi queimada viva por ter pedido drogas a uma parteira para aliviar as dores do trabalho de parto.[2] Até o fim do século XIX, os padres dissuadiam os médicos a estudar as causas da febre puerperal, a maior causa de morte de primíparas, porque a Igreja considerava essas mortes uma expressão do julgamento ou punição de Deus por alguma imoralidade oculta.

Quando o clorofórmio e o éter foram descobertos e o médico James Simpson propôs usá-los em casos de trabalho de parto difícil, a Igreja uma vez mais clamou por justiça. Um ministro protestante da Nova Inglaterra escreveu, por exemplo: "O clorofórmio é um instrumento de Satã, que parece ser uma bênção para as mulheres; mas na realidade ameaça endurecer a sociedade e privar Deus dos gritos profundos e insistentes de mulheres que o invocam para pedir ajuda em tempo de necessidade."[3] Especulamos onde os pais da Igreja foram buscar a idéia de que os gritos angustiados das mulheres agradavam a Deus, um prazer que não lhe devia ser tirado. Foi a rainha Vitória que, embora puritana, por fim silenciou os homens da Igreja quando permitiu a seu médico administrar-lhe clorofórmio, durante o nascimento dos oito filhos. Quando uma rainha fala, Deus fala. A Igreja mudou de atitude imediatamente, permitindo que a rainha interpretasse a vontade de Deus à sua maneira.[4] Mas foi como rainha, não como mulher, que Vitória lavrou um tento. O sofrimento das mulheres comuns não tinha causado compaixão aos homens da Igreja, mas a repreensão de uma poderosa monarca os tocou.

Apesar das proibições da Igreja e da constante repressão a mulheres e parteiras, a história da Idade Média mostra que os casais se arriscavam a praticar a contracepção e o aborto porque não podiam deixar ao acaso o número de nascimentos. Um estudo dos registros de nascimento e morte dos historiadores Bonnie Anderson e Judith Zinsser mostra que em 1427, na Toscana, por exemplo, o número de filhos por família correspondia diretamente à curva econômica e às condições de sobrevivência existentes.[5] Um casal pobre vivendo nas montanhas geralmente tinha um filho durante seu casamento. Um casal mais próspero vivendo nas planícies podia arcar com a média de três ou quatro. As famílias limitavam os nascimentos por meios permitidos pela Igreja, isto é, casar-se tarde ou não casar-se. Assim, no início do século IX, o censo da Alemanha mostra que apenas 28,6% da população se casavam. No norte da França, em Saint-Germain-des-Prés, 43,9%, em Saint Remi de Reims, 33,4%. Os casais alojavam irmãs e irmãos solteiros com a condição de que nunca se casassem, para não ter que dividir a propriedade.

Lá pelo fim do século XVI, as estatísticas, mais numerosas e mais precisas, demonstram como a idade com que as pessoas se casavam afetava a curva de nascimen-

BREVE HISTÓRIA DA CONTRACEPÇÃO E DO ABORTO

tos e correspondia exatamente à situação econômica. Na aldeia inglesa de Colyton, por exemplo, do século XVI ao século XIX, a média da idade para o casamento varia de 27 anos em 1560 a trinta anos em 1647, outra vez trinta em 1719 caindo para 25 por volta de 1837, refletindo uma vez mais a curva de prosperidade dos tempos. Do mesmo modo, a média de idade para o casamento numa aldeia da Toscana, entre 1650 e 1750, foi de 21 anos e meio a 26 anos e um décimo. No fim do século XIX, as famílias irlandesas continuaram a fazer as próprias escolhas: um rapaz e uma moça tinham os meios para se casar, tendo a filha que esperar até os trinta anos, e o filho até os 28, o que resultava em maior limitação do número de nascimentos.

Quando um casal por fim se unia em matrimônio e os nascimentos ainda tinham de ser controlados, eles precisavam praticar a abstinência, pois o coito interrompido ou qualquer outro meio de controle da natalidade eram pecados. Mesmo num casamento legítimo, um ato sexual que evitasse a procriação era chamado de "fornicação". Santo Agostinho e Tomás de Aquino condenaram a prática do coito interrompido apesar dos padres, que tomaram a defesa dos pobres, mostrando sua necessidade de limitar a natalidade, para não cair ainda mais na pobreza. Em 1930, o papa Pio XI proibiu qualquer forma de contracepção, apesar da oposição popular. A posição da Igreja protestante era a mesma da Igreja católica até o século XX, mas hoje a maioria das denominações protestantes, exceto os fundamentalistas, consideram a contracepção uma questão moral para o indivíduo. Os fundamentalistas das três grandes religiões monoteístas — cristãos, judeus e muçulmanos — opõem-se à contracepção, ao aborto e à autonomia sexual da mulher.

Entretanto, os casais, e de modo especial as mulheres, vêm desobedecendo sistematicamente à doutrina da Igreja desde o fim do mundo romano e início da repressão sexual cristã. Não considerando o casamento tardio ou o não-casamento, as mulheres nunca deixaram de usar métodos anticoncepcionais tidos como eficientes: uma rolha cervical feita de cera de abelha ou de pano, beber líquidos bem gelados, permanecer passiva durante o ato sexual, prender a respiração, saltar após a ejaculação do homem, tomar duchas vaginais ou poções orais feitas de alecrim, coentro, folhas de salgueiro, bálsamo, mirra, cravo, salsa, urina animal ou vinagre. As mulheres pobres usavam sal, mel, óleo, alcatrão, chumbo, extrato de menta e sementes de repolho para fazer duchas ou purgativos, acreditando que fossem espermicidas eficientes. A ingestão de chumbo ou ergotina podia provocar a esterilidade permanente da mulher, mas sob o risco de danificar a saúde e algumas vezes perder a vida. Mas as mulheres continuaram a usar esses métodos, juntamente com as notórias agulhas de crochê usadas para abrir o colo do útero, provocando um aborto e causando hemorragia em milhões delas, até a morte.[6]

Quando tudo isso falhava e nascia uma criança não desejada, era comum mandá-la para uma ama-de-leite em outra localidade; se as finanças da ama ficavam apertadas, e a família se "esquecia" de mandar-lhe o pagamento combinado, ela mais tarde informava os pais da morte da criança. Esta prática não só evitava a necessidade de confessar um infanticídio mas tornava o caso menos doloroso, graças ao afastamento psicológico da criança levada logo após o nascimento. Estas crianças, entregues a amas e esquecidas, eram principalmente meninas, que precisavam de dotes e não podiam trabalhar a terra como os meninos. As meninas também eram negligenciadas pela redução do tempo de amamentação no seio, e isso muitas vezes acarretava doença e morte.

A prova deste tipo de infanticídio seletivo está no número desproporcional de meninas vivendo na Europa entre os séculos IX e XVII.[7] Em tempos normais, o número de homens e mulheres jovens é quase igual. Normalmente, o equilíbrio mudava mais tarde, à medida que muitos homens morriam em guerras e cruzadas, gerando uma proporção maior de mulheres velhas. Quando vemos um caso como o de Saint-Germain-des-Prés no século IX, uma área altamente populosa onde havia uma proporção de 100 mulheres para 115-117 homens, devemos desconfiar de que a prática do infanticídio afetou o padrão estatístico. O mais baixo está na escala socioeconômica, por mais que esta proporção esteja fora do padrão, chegando a cem mulheres para 133 homens numa aldeia da Inglaterra, no século XIV. Para o ano de 1391-1392, uma lista de servos nascidos e vinculados para o resto da vida à propriedade de John of Hastings, no sul da Inglaterra, mostra 46 mulheres para 78 homens! Em contrapartida, durante um período próspero do século XIII, quando um casal pobre conseguia alimentar mais filhos, a população cresceu e a proporção de mulheres para homens ficou quase igual.

Ninguém se surpreenderá ao saber que a Igreja católica preferiu ignorar essa prática, não por ter concordado em dar aos casais (muito menos às mulheres) uma certa liberdade nessas questões, mas porque ela mesma não se sentia isenta de culpa. Durante os séculos XVIII e XIX, a Igreja se viu subjugada pela responsabilidade pelos bebês e crianças abandonadas nos degraus das igrejas. Muitos desses bebês eram mandados para amas-de-leite (só os mais velhos ficavam em orfanatos). Mas ninguém da Igreja se preocupava com o incrível crescimento da taxa de mortalidade dos bebês deixados com amas mal ou não pagas, de até 75% no século XIX! Essas amas, vítimas da pobreza, deixavam os bebês morrerem quando a Igreja suspendia o pagamento. Em vez de abrir seus cofres, a Igreja virava as costas. Em vez de dar às mulheres os meios para controlar a natalidade, fazia ouvidos moucos aos resultados de seus princípios ideais. As crianças morriam de fome e as amas eram tachadas de incompetentes. Os bebês podiam morrer, desde que fossem batizados!

Nada mudou, na realidade. Hoje, os grupos Pró-Vida, dentro ou fora da Igreja católica, prestam pouca atenção à miséria das crianças abandonadas, apesar dos *slogans* e mensagens de amor em contrário, e esses grupos estão preparados para sacrificar a vida das mulheres. Ignoram o fato de que, a cada ano, no mundo todo, uma média de duzentas mil mulheres (principalmente as pobres) morrem por abortos clandestinos, de acordo com um relatório muito conservador publicado pela Organização Mundial de Saúde.[8] Para se ter uma idéia da extensão desta indiferença, multipliquemos este número pelos 46 anos desde o término da Segunda Guerra Mundial, quando o massacre de seis milhões de judeus horrorizou o mundo todo, e, portanto, de maneira justificável, levou as pessoas a examinarem suas consciências. Depois de 46 anos, estas duzentas mil mulheres sacrificadas anualmente perfazem um total de nove milhões e duzentas mil. Estas mortes desnecessárias chocam a Igreja? Não, porque as mulheres que abortam são consideradas imorais e sujas, como foi dito dos judeus. O genocídio (pois o que é isso senão genocídio?) não é pecado para a moralidade judaico-cristã. O aborto é pecado, mas a morte de milhões e milhões de mulheres não é. O cristianismo, o judaísmo e o islamismo são religiões assassinas de mulheres, e eu gostaria de saber que tribunal mundial terá a coragem de denunciar o assassinato de mulheres, como denunciamos outros abusos de direitos humanos.

GINETTE PARIS

Vamos recordar alguns fatos simples

O desejo universal das mulheres de controlar a natalidade expressa hoje, como sempre, o entendimento de que a sobrevivência depende da capacidade de dar a cada criança o que ela precisa para seu total desenvolvimento, seja a sobrevivência da mãe, da família, ou da comunidade. As mães são as primeiras a saber disso, porque são, sempre e em todo lugar, as primeiras a sofrer com a escassez, e as primeiras a ver seus filhos sofrerem por causa da escassez. Em pesquisa realizada no mundo todo e num esforço de compreender a devastação da fome, doença e pobreza, uma constante permanece. Em todo lugar, e em qualquer contexto, as mulheres e crianças são as primeiras a ser afetadas quando os recursos se tornam escassos, ou se concentram nas mãos de uns poucos privilegiados.

Hoje, esta consciência tipicamente feminina deve estender-se à humanidade como um todo: estamos começando a entender coletivamente que a disponibilidade continuada dos recursos do planeta depende de nossa habilidade em diminuir a explosão demográfica. O raciocínio é o mesmo em nível global e ao da mãe, que sabe que não pode permitir-se ter outro filho sem pôr em perigo a saúde dos que já tem.

Num livro publicado em 1984, Pranay Gupte, então diretor de pesquisa do Fundo das Nações Unidas para as Atividades da População, concluiu, após visitar cinqüenta países, que em todos os lugares as mulheres desejavam ter

BREVE HISTÓRIA DA CONTRACEPÇÃO E DO ABORTO

menos filhos e os homens, mais, porque queriam mais filhos homens.[9] Os motivos dos homens vão desde a mais elementar e estúpida espécie de machismo, infelizmente muito comum, até um desejo de segurança na velhice, passando pelo orgulho tribal e nacional. Considerando que são os homens que controlam os governos, o autor diz que o Terceiro Mundo ainda vê o aumento da população como sinal de poder de uma nação, porque essa mentalidade está profundamente arraigada na mente dos homens. Ele recorda a primeira conferência mundial sobre população, realizada em Belgrado em 1964, quando a força combinada da tríplice aliança — isto é, o Terceiro Mundo, a Igreja católica, e o bloco comunista — se opôs às propostas de controle populacional apresentadas pelos Estados Unidos. Nos vinte anos seguintes, os governantes das nações do Terceiro Mundo foram forçados a entender que mais gente significa simplesmente mais bocas para alimentar e não mais riqueza. Mas em relação à família a atitude permanece a mesma: o patriarca quer mais filhos homens e não dará à esposa liberdade de escolha. Gupte, que também estudou o programa "um filho por família" na China, conclui que terão que ser impostas medidas draconianas às populações que recusam a contracepção, e que essas medidas devem incluir, como não foi o caso da China, educação para toda a comunidade e reflexão sobre os direitos e obrigações ligados à procriação.

Visitei Caracas, Venezuela, na semana seguinte a uma visita do papa João Paulo II. A mensagem da Igreja "crescei e multiplicai-vos", juntamente com as restrições à contracepção, de repente me pareceram incrivelmente cruéis, numa cidade onde o número de crianças abandonadas aumenta a cada ano, deixadas por mães pobres e exaustas. A crueldade da mensagem é ainda mais refinada por ser apresentada sob a forma de amor. Os ricos de Caracas, como em quase todos os lugares, têm acesso à contracepção e podem embarcar num avião para os Estados Unidos para fazer um aborto. O papa falava para os pobres, já tão necessitados que abandonam os filhos? Seu sofrimento é óbvio. Quantas crianças precisam ser maltratadas, abandonadas, ou mesmo baleadas para abrir os olhos dele?

Hoje as Nações Unidas estimam um total mundial de cem milhões de crianças sem teto, sem pais, dinheiro, ou educação. E os fundamentalistas de todos os tipos ainda pregam *crescei e multiplicai-vos* como uma mensagem de amor! Até que alguém decida mandar-lhes a conta ou mesmo as crianças, eles não compreenderão. Esses líderes se comportam como homens irresponsáveis, que sequer podem pagar o sustento dos filhos, mas compram um carro de luxo e um apartamento caro; eles precisam dessas coisas, assim dizem, para polir a imagem e fazer negócios. Acham bastante natural deixar que as mães e o Estado tomem conta dos filhos! Esses filhos não estão em sua mente. Existe apenas uma cura para esse comportamento irresponsável: mandar-lhes a conta ou, melhor ainda, as próprias crianças, para amar e cuidar.

Nem as Igrejas nem os políticos se preocupam com as

crianças; não ligam para as mães; não se incomodam com as tensões nas comunidades locais nem com as implicações da superpopulação na ecologia global. A necessidade de controlar o corpo e a alma das mulheres está na raiz das religiões patriarcais. Quando as mulheres se libertarem, as instituições patriarcais desmoronarão. É um fato da história. Os líderes sabem disso.

A pesquisa sociológica revela a relação entre a superpopulação e o desastre ecológico. Muitos relatórios de diferentes disciplinas mostram a relação da superpopulação com o abuso de recursos, das aglomerações com os guetos e o aumento de suicídios, estupros e violência doméstica. E, fechando o círculo, a violência doméstica leva a pais ausentes, mulheres e crianças abandonadas, aumento da pobreza. De fato, a superpopulação é o mais desumano dos flagelos, porque joga uns contra os outros e destrói todo o respeito pela vida. Neste contexto, a chamada mensagem humanitária dos fundamentalistas de todos os credos é muito irônica: produzir bebês mesmo que morram de fome, proibir o aborto mas não dar às mulheres o que precisam para alimentar os filhos. Perseguidos pela própria sombra, os líderes se recusam a compreender que 95% por cento dos bilhões de pessoas que se juntarão à população do mundo nascerão nos países mais pobres, aqueles que já sofrem de fome. Esses países são os mesmos que, no momento, cortam suas florestas, abusam de seus recursos naturais e, por fim, transformarão em deserto a terra que poderia nutri-los. Podemos perguntar, junto com o ecologista John Livingston, a que festa o papa Paulo VI se referiu quando, em 1965, implorou à ONU que não apoiasse o controle da natalidade, para que todas as crianças por nascer pudessem participar do "banquete da vida"?

Vamos examinar os seguintes números: entre o ano 1 A.D. e 1650 o índice de crescimento previa o dobro da população em dois mil anos. A peste foi, então, um poderoso agente controlador. Entre 1650 e 1850, em duzentos anos em vez de dois mil, a população do mundo dobrou outra vez, e também nos cem anos que se seguiram. Hoje, estima-se que a população global pode dobrar em 35 a quarenta anos. Que tipo de poder a Igreja representa neste contexto? A mensagem de amor do Pró-Vida carrega consigo, para aqueles que se apaixonam por ele, uma realidade cruel — uma brutal aglomeração, que rouba cada indivíduo de sua humanidade.

Dê-nos seus filhos!

Os padres católicos costumavam ensinar que as mulheres que morrem de parto, assim como os soldados que morrem na guerra, podem ir direto para o céu sem confessar-se. Hoje, os líderes islâmicos garantem a seus soldados um lugar no paraíso de Alá se morrerem numa guerra santa contra o demônio. (O demônio pode tomar a forma do capitalismo americano ou de mulheres que se recusam a submeter-se à absoluta autoridade dos homens.) Esta ga-

BREVE HISTÓRIA DA CONTRACEPÇÃO E DO ABORTO

rantia parece ser a mais manipuladora na medida em que geralmente é dirigida a jovens adolescentes, mal saídos da infância, que na realidade não entendem a natureza de seu sacrifício. Mas, se os horrores do fundamentalismo islâmico são óbvios, nossa própria história de intolerância e seu efeito sobre nossa cultura são negligenciados mais facilmente. Os fundamentalistas judaico-cristãos mataram e continuam matando em nome da fé. As vítimas são mulheres e crianças, cujo sofrimento não consegue atrair a atenção da mídia da mesma maneira que a ação militar. É bom lembrar, de vez em quando, este catálogo de intolerância. Há exemplos abundantes desde o início da história da Igreja até os dias de hoje.

Uma carta atribuída a Clemente (bispo de Roma e quarto papa, de 89 a 97) diz, por exemplo, que quem se recusasse a curvar a cabeça diante de bispos e padres seria culpado de insubordinação e devia ser morto.[10] O papa Inocêncio I, no século V, proclamou que Deus deu à Igreja o direito de matar aqueles que se desviassem da ortodoxia religiosa.[11] Durante dois mil anos, a Igreja abençoou as mães por dar a vida, e os soldados (inclusive os soldados de Cristo), por tirá-la! Também é importante que se lembrem as palavras ditas por Martinho Lutero, um dos fundadores do protestantismo: "Se as mulheres ficam exaustas e morrem no parto, nada há de errado nisso; deixem-nas morrer na hora de dar à luz, elas foram criadas para isso."

Certa noite, eu via um documentário na televisão com minha filha, então com catorze anos, e ambas estávamos abatidas diante de cenas de guerra: crianças queimadas até a morte; camponeses baleados diante de suas casas, na presença dos filhos; jovens soldados mal saídos da adolescência forçados a cavar as próprias sepulturas, deitar-se nelas e ser esfaqueados até a morte; hospitais militares cheios de pessoas amputadas; orfanatos repletos de crianças de olhos tristes, que já tinham passado por muitas coisas; mães abatidas pela dor por saber da morte de outro filho; mulheres tendo que tomar conta dos maridos, que partiam saudáveis e voltavam inválidos. Minha filha assistia a tudo solenemente, compreendendo a imperfeição da vida e como se destroem vidas em massa, a cada minuto.

Após o documentário, veio um boletim: um repórter estava entrevistando um homem, que brandia uma tabuleta do Pró-Vida numa demonstração contra o aborto. O repórter, segurando o microfone, perguntou-lhe por que estava lá. O homem declarou com muito sentimento que era contra o aborto, por ser um crime e uma abominação — assassinato, na realidade, por tirar a vida de um ser humano, mesmo sendo feto. A reação de minha filha mostrou-me como podem ser sensíveis os adolescentes ao contemplar o mundo adulto. Ela não compreendia nem aceitava que os horrores mostrados no documentário fossem ações legais sancionadas e custeadas pelos governos, perdoadas e, às vezes, até abençoadas pela Igreja. Para ter permissão para matar homens, mulheres e crianças, cheios de vida e plenamente cônscios do sofrimento, é necessária uma fórmula simples — uma declaração de guerra. Esses mesmos

BREVE HISTÓRIA DA CONTRACEPÇÃO E DO ABORTO

homens que decidem matar ou não na guerra são os mesmos que ousam falar de crime e assassinato quando uma mulher sacrifica um feto menor que uma passa e menos consciente que uma galinha.[12]

Quando as mulheres resolvem abortar, é em nome dos mesmos princípios invocados pelos fabricantes de guerras: liberdade e autodeterminação — questões de dignidade tão importantes quanto a própria sobrevivência. Os seres sacrificados em abortos não sofrem como as vítimas de guerras e desastres ecológicos. A diferença de pensamento entre aquele que faz a guerra e o que é contra o aborto pode ser explicada pela divisão de poder sobre a vida e a morte entre homens e mulheres. Os homens têm o direito de matar e destruir, e quando o massacre é chamado de guerra, eles são pagos para fazê-lo e homenageados por suas ações. A guerra é santificada, e até abençoada, por nossos líderes religiosos. Mas se uma mulher decide abortar um feto, que nem tem o aparelho neurológico para registrar o sofrimento, as pessoas ficam chocadas. O realmente chocante é que a mulher tem o poder de fazer um julgamento moral que envolve uma opção de vida ou morte. Esse poder é reservado aos homens.

Qualquer contraste extremo nos papéis de cada gênero implica uma divisão de poder entre homens e mulheres, absurda para ambos os sexos: as mulheres dão a vida, e os homens, como heróis de guerra, são provedores de morte. De acordo com esta distribuição, as mulheres têm o poder de dar vida e nenhum direito de destruí-la, ao passo que os homens são absolvidos por matar, mas desaconselhados da vida amorosa, mulheres e filhos. Espera-se que a mulher ame todos os filhos que o destino biológico lhe impõe e que o soldado seja capaz de matar sem vacilar. Quando este tipo de polarização existe num casal, é sinal de que algo está errado, que os dois parceiros estão em situação pouco saudável, pois o ideal de infinita compaixão e generosidade das mulheres é tão insustentável quanto a eterna e forte agressividade guerreira dos homens. Quando esta polarização se espalha por toda a cultura, a agressividade guerreira alcança seu ponto mais alto.

O inconsciente coletivo sempre utiliza diferentes meios de reduzir a população, quando há falta de recursos e espaço, ou quando o clima social se deteriora. É óbvio que a guerra é o mais cruel dos meios; ela ocorre inevitavelmente quando as populações crescem muito. A superpopulação leva à guerra, à violência e ao abuso de crianças, o que é uma constante na história. Os homens, e não as mulheres, sacrificam vidas. Mas, na guerra, o poder de morte é desencadeado em toda sua fúria, além da racionalidade. A guerra é muito mais irracional e excessiva do que o exercício do direito ao aborto, e o poder de morte está exclusivamente nas mãos dos homens, há muito tempo. Nós nos acostumamos a pensar que a guerra é tão normal que perdemos de vista o que custa em sentimento humano dar à luz, criar e amar uma criança com todo o coração, apenas para oferecê-la como alimento de canhão. Neste contexto, a volta da antiga deusa Ártemis nos convida a imaginar uma nova distri-

BREVE HISTÓRIA DA CONTRACEPÇÃO E DO ABORTO

buição dos poderes sobre a vida e a morte entre homens e mulheres, distribuição essa que permita aos homens avaliar o custo de uma vida e, às mulheres, tomar decisões baseadas em seu conhecimento da maternidade.

ELA TEM UM CORAÇÃO FORTE

Quem é Ártemis?

Pelo menos uma cabeça mais alta do que as ninfas com quem divide a floresta, a deusa Ártemis é representada vestida com uma túnica curta, que revela pernas atléticas e longilíneas. Filha de Leto e Zeus e irmã gêmea de Apolo, ela tem como símbolo a lua crescente, a corça, a ursa e a égua. Vive na selva e, ao contrário de Apolo, não sente atração pela vida da cidade, os prazeres da civilização, o casamento ou a sexualidade. Impetuosamente independente, ela é virgem e mora na floresta escura. Os romanos a representavam como Diana, a Caçadora.

Ela é encarregada das florestas e campinas "onde nenhum pastor pode levar seu rebanho, onde a foice é desconhecida".[13] O que hoje chamamos de floresta virgem já foi chamado de a floresta da Virgem, ou seja, a floresta dedicada a Ártemis. Ela era a protetora da selva que, como ela mesma, nunca conheceu homem. Para os gregos antigos, era muito importante que esses lugares existissem e que os humanos pudessem aprender a vê-los como lugares a reverenciar em vez de recursos a explorar.

A mãe, Leto, procurou desesperadamente um abrigo seguro quando sentiu que se aproximava a hora de dar à luz. Ela procurou por todo lado, mas os humanos hesitaram em ajudá-la, temendo a vingança de outra deusa, Hera, rainha do céu e esposa de Zeus. Hera queria evitar que Leto desse à luz uma criança cujo pai era seu marido infiel. Finalmente, Leto encontrou refúgio na ilha de Delos, onde as pessoas a aceitaram e onde nasceu sua primeira filha, Ártemis. O parto foi sem dor, e Ártemis imediatamente passou a tomar conta da mãe, que sofreu dores durante nove dias e nove noites até o nascimento do gêmeo, Apolo. A vingativa Hera impedira Ilícia, a parteira das deusas, de atender Leto. Ártemis nunca se esqueceu do sofrimento da mãe e dedicou-se a aliviar a agonia das mulheres em trabalho de parto. "As mulheres em trabalho de parto me chamam a atenção com seus gritos, porque minha mãe Leto não sofreu quando eu nasci." Ártemis também ajudou as fêmeas dos animais a ter seus filhotes, e este saber adquirido na floresta fez dela, embora virgem, a guardiã das mulheres que se transformam em mães.

O poeta grego Calímaco, que viveu de 310 a 235 a.C. e escreveu um hino a Ártemis, fala da rebeldia dela contra a idéia de ser uma princesa; ela não quer nada com vestidos, jóias ou tudo que atrai uma moça consciente de sua femi-

ELA TEM UM CORAÇÃO FORTE

nilidade. O que quer ela então?, pergunta o pai Zeus, desejando dar-lhe um presente. Ela quer liberdade! Ela quer correr pelas montanhas, nadar no rio, montar cavalos, caçar veados. Hoje nós a chamaríamos de jóquei ou menina levada, por não compreender que essa energia é perfeitamente normal numa jovem. Contudo ela é a *puella* aprimorada, isto é, a jovem arquetípica. Ela pergunta a Zeus se pode deixar de lado os longos vestidos pesados e as jóias usadas pelas mulheres. Ela prefere a liberdade de movimentos usando uma túnica acima do joelho, junto com sandálias simples, diferentes das enfeitadas usadas por Afrodite. Em vez de jóias e roupas finas, ela pede flechas e uma aljava, como Apolo, e finalmente pede para permanecer virgem, o que em grego significava "aquela que não pertence a nenhum homem". Em vez de um amante ou um marido, ela prefere um relacionamento fraternal. Ártemis e Apolo — os gêmeos, a lua e o sol — são iguais e igualmente necessários entre si.

Por volta dos nove anos, quando começavam a soltar os laços que os ligavam a suas mães, os meninos e as meninas eram consagrados a Ártemis numa cerimônia ritual. Os adolescentes ficavam sob sua proteção até transformarse em cidadãos e esposos. Na véspera do casamento, a mulher grega consagrava a túnica curta e os brinquedos a Ártemis.

GINETTE PARIS

Ela atira, ela mata!

Ela adora caçar,/ nas sombras das montanhas/
e no vento/ no topo das montanhas/ ela adora
pegar seu arco,/ seu arco de ouro sólido,/ estirá-lo/
e lançar/setas gementes./Os picos/ das grandes/
montanhas/tremem./A floresta/em sua escuridão/
grita/com o clamor de animais,/e é assustadora./
A terra inteira/estrelas estremecendo/até o mar,/
a vida marinha./Ela tem um coração forte,/ ela
arremessa/para todo lado/aqui e ali/matando/
todas as espécies de animais.[14]

 O hino homérico apresenta Ártemis como arqueira e caçadora infalível. A caça exige consciência alerta, reações rápidas e ágeis, e a capacidade de tirar a vida de um animal sem hesitação para evitar a própria fome. O caçador tem de prever o próximo movimento do animal. Uma parte de seu cérebro pertence à presa, porque precisa conhecê-la intimamente para superá-la em esperteza. O caçador da Antigüidade não era um desportista; ele alimentava sua natureza animal, e isto não contradizia seu amor pelo animal que o alimentaria. Neste contexto, deve ser visto o paradoxo de uma deusa que caça os animais que protege. Para compreender seu pensamento, precisamos entender que ela ama o animal que espeta com uma flecha.
 As deusas da natureza às vezes são ligadas a um senti-

ELA TEM UM CORAÇÃO FORTE

mentalismo bucólico, à crença na bondade inata patrocinada pelo romantismo do século XIX e observada hoje no ressurgimento do interesse por deusas esquecidas. Mas há mais de um tipo de deusa da natureza. Se, por exemplo, buscamos o conforto de uma canja de galinha ou uma torta de maçã feitas pela mamãe, é a imagem de Deméter, deusa dos campos arados e da generosidade maternal, que nos satisfaz e não Ártemis, a caçadora. A imagem do antigo matriarcado pré-patriarcal, confortável como a casa da vovó, não está de acordo com o lado escuro de Ártemis, simbolizado pela lua crescente. Nem tampouco com outra deusa lunar, Hécate a terrível, que é o lado escuro da lua, símbolo de feitiçaria e magia. Tanto Ártemis como Hécate, esta sempre vestida de preto, têm uma sutileza irritante que governa o romantismo bucólico e equilibra o lado generoso das deusas que alimentam. Não existe isso de uma deusa boa e outra menos boa. Cada uma é um aspecto da realidade, e, em todas as religiões que reconhecem uma divindade maternal que alimenta a vida, há uma figura complementar que representa a morte, o fim, a discórdia. A Mãe Natureza tanto dá como tira a vida, pois não há vida sem morte. Portanto, é conveniente corrigir a visão demasiado doce e terna das religiões predominantemente matriarcais, lembrando o aspecto terrível dos poderes plenamente desenvolvidos das mulheres.

Ártemis tinha a fama de gostar de sacrifícios cruentos, inclusive humanos, desde a mais antiga história religiosa da Grécia, prática que deu ao paganismo uma fama tão ruim. Os judeus e cristãos gostam de acreditar que foi Jeová quem pôs um fim a essa situação quando conteve o braço de Abraão e salvou Isaac. Mas, aparentemente, os judeus conservaram a tradição do sacrifício humano indo além dos gregos, e, além disso, esquecem-se de mencionar que os gregos não tinham que se livrar de suas deusas para pôr um fim a essa prática.[15] Uma certa ambigüidade concluiu que as divindades femininas tinham de ser eliminadas para parar com os sacrifícios. No fim do século V a.C., quando Eurípides escreveu suas duas versões do mito de Ifigênia para o teatro, uma geração depois da versão de Ésquilo, o sacrifício humano já era considerado costume extravagante e bárbaro com o qual os gregos da era clássica não podiam estar relacionados de maneira alguma.

A história de Ártemis declarando Ifigênia como sacrifício pode ser contada e compreendida de várias maneiras. Consideraremos duas interpretações: em uma Ifigênia é vítima oferecida em sacrifício no altar de Ártemis; na outra Ifigênia torna-se heroína, e o sacrifício adquire significado diferente.

Como o aborto é uma espécie de sacrifício, creio que uma exploração deste mito pode abrir novas possibilidades de pensamento.

ELA TEM UM CORAÇÃO FORTE

Ifigênia como vítima

A adolescente Ifigênia é filha da rainha Clitemnestra e do rei Agamenon, comandante da esquadra grega na guerra contra Tróia. Eis a lenda: Agamenon ofendeu a deusa Ártemis e como castigo divino seus barcos estão parados no porto, sem vento nas velas. O adivinho Calcas é consultado e diz que a única maneira de resolver o problema é sacrificando Ifigênia no altar de Ártemis, para saciar sua ira. A princesa Ifigênia está em Micenas com Clitemnestra. Agamenon, levado por ambição militar, ou por sua noção do bem comum, ou por Menelau e Ulisses, que estão ansiosos por zarpar, concorda em sacrificar a filha. Ele pede a Clitemnestra que lhe mande Ifigênia, sob o pretexto de casá-la com o herói Aquiles, mas em lugar de uma festa de casamento é a faca de Calca que espera pela filha mais nova de Clitemnestra, e sua favorita. A mãe, alegremente, canta hinos de casamento, acreditando que a filha está se casando, ao passo que, na realidade, sua garganta está prestes a ser cortada. Mas, no último instante, a deusa substitui uma desconhecida por Ifigênia, e tudo está bem quando termina bem, pois Ártemis a leva para a terra de Táurida e faz dela a sacerdotisa de seu templo.

É provável que Eurípides tenha ficado comovido com esta lenda, que já era antiga quando ele fez dela dois dramas. Na primeira versão, *Ifigênia em Táurida*, a moça é sacrificada *contra sua vontade* pelas tribos selvagens de

Táurida que Eurípides critica por sua crueldade. Acredita-se que Eurípides não pôde se forçar a apresentar Ártemis como uma deusa sedenta de sangue. Afinal, ele viveu numa época (480-406 a.C.) em que a idéia do sacrifício humano era profundamente chocante. Então ele representa o sacrifício de Ifigênia como um ritual que somente os bárbaros (não gregos, por exemplo) podiam executar. E coloca a ação em Táurida, onde eram oferecidos sacrifícios humanos a uma deusa virgem comparável a Ártemis.[16] Ele culpa a crueldade do povo com sua barbaridade e, desejando defender a deusa, faz Ifigênia dizer: "Ó, Ártemis, esta gente, por ser assassina, está culpando-te com a própria maldade. Não, eu não acreditarei que um Deus possa fazer isso!"[17] Eurípides também insiste em situar a lenda numa época anterior, cerca de sete séculos antes de seu tempo, e faz desse período um marco na mudança de atitudes. Ele conta a história, basicamente, dessa mudança na mitologia, como a idéia do sacrifício de seres humanos se tornou odiosa para os humanos, bem como para a deusa.

Ifigênia como heroína

Anos mais tarde, Eurípides volta à mesma lenda e escreve uma segunda versão, *Ifigênia em Áulis*, na qual Ifigênia já não é vítima, mas heroína. Seu sacrifício não lhe é imposto, mas aceito por ela e até pela mãe Clitemnestra. Eurípides oferece um equivalente feminino à cena bíblica em que o braço de Abraão é contido por Deus no momento em que ia matar Isaac. O Deus de Abraão, sedento de sangue, encorajara o sacrifício humano o suficiente para que o patriarca acreditasse que a oferta de seu único filho seria agradável a Ele. O mito é modificado quando essa espécie de mentalidade muda, para que o próprio Deus seja visto como o idealizador de uma mudança de atitude. Quando contém o braço de Abraão, Jeová declara que já não quer ser homenageado dessa maneira: esta cena marca uma evolução na mitologia judaico-cristã. Do mesmo modo, os gregos queriam purificar Ártemis de sua reputação de deusa sedenta de sangue, por meio do gênio de Eurípides. O espantoso é que a história religiosa continuou a apresentar o pagão como sedento de sangue ignorando o passado de Jeová. Contudo, Ártemis não resgatou Ifigênia? A cena a seguir, descrita por Eurípides, por certo é tão explícita quanto a história da Bíblia:

> O sacerdote pegou a faca, e, rezando, procurou o lugar para enterrá-la. A dor brotou em mim por isso, e fechei os olhos. E o milagre aconteceu. Todos ouviram o som da faca afundando, mas ninguém pôde ver a moça. Ela tinha desaparecido. O sacerdote gritou e todo o exército fez eco, vendo o que algum deus enviara, uma coisa que ninguém poderia profetizar. Lá estava ela, podíamos vê-la, porém mal acreditávamos: uma corça deitada, ofegan-

te, um animal grande e bonito, e seu sangue corria pelo altar da deusa. (...) Então, Calcas, com a alegria que se pode imaginar, gritou: "Comandantes dos exércitos armados da Grécia, vejam: a deusa colocou a vítima em seu altar, uma corça das montanhas, e ela aceita isto em lugar da moça, em lugar de manchar seu altar com sangue nobre."[18]

Como outro mito qualquer, a morte de Ifigênia pode ser interpretada de várias maneiras. Pode ser vista como o sacrifício de uma filha à ambição política do pai. Assim, um "complexo de Agamenon" expressa a situação de um pai obcecado pelo poder, e não apenas deixa de dar à filha a atenção que ela precisa, mas também a usa psicologicamente, como se o destino dela só existisse em relação ao sucesso dele. Ao descrever um homem ambicioso, costumamos dizer que ele "sacrifica" a filha ou a família às suas aspirações políticas e sociais. O fato de Agamenon não ter vento nas velas também é simbólico. Para um homem como ele, a carreira e os negócios — que para ele significam guerra — vêm em primeiro lugar. Ele até sacrificará a filha para que seu navio de guerra zarpe e singre os mares.

Outra interpretação, mais histórica do que psicológica, poderia ver esta história como o ponto no tempo em que a força matriarcal antiga das sociedades mediterrâneas perdeu sua autoridade. A falta de habilidade de Clitemnestra para proteger a filha pode ser entendida

ELA TEM UM CORAÇÃO FORTE

como o declínio do poder maternal em favor do pai. Até quando ela própria é envolvida, Clitemnestra não pode opor-se às decisões tomadas pelo marido, que agora se comporta como um senhor em relação ao escravo. Ifigênia é a filha favorita de Clitemnestra, uma criança querida arrancada de seu amor. Agamenon comporta-se como o clássico marido e pai dominador, e é surpreendente imaginar até que ponto essa cultura patriarcal que se seguiu sancionará positivamente essa espécie de comportamento abusivo.

Agindo com sua autoridade de rainha e mãe e evocando seu passado cultural, em que as mulheres tinham certo poder por trás do orgulho, Clitemnestra decide vingar a morte da filha (assim como a afronta de ser substituída pela nova esposa de Agamenon). Ela o mata. Mas é condenada pela moralidade da época. A mensagem é clara: o poder de um pai, embora injusto ou abusivo ou até fatal, não pode ser questionado por nenhuma mulher, mesmo uma rainha. E, para mostrar claramente a situação, Orestes, filho de Clitemnestra e irmão de Ifigênia, não participa da vingança nem apóia a mãe. Ele fica a favor do pai. Para justificar-se, usa a teoria machista da época, ou seja, que a mulher é simplesmente o sulco que recebe a semente masculina. *Sem um pai a criança não existiria. Por isso resolvi que o autor de minha vida tem mais direito ao meu apoio do que a mulher que me nutriu,* diz Orestes antes de matar a mãe.[19]

Esta volta à mentalidade patriarcal do período clássico

terá, mais tarde, seu total desenvolvimento no cristianismo e no judaísmo, quando todas as deusas terão sido banidas da mitologia. Psicologicamente, incentivado pelo espírito patriarcal da era freudiana, construiu uma estrutura teórica total sobre a culpa insuportável do filho que mata o pai (Édipo), embora não tenha sido essa a intenção, e apesar de nem mesmo saber a identidade da vítima. O complexo de Orestes, igualmente fundamental, é omitido. Nele, o filho destrói a mãe, sabendo exatamente o que está fazendo, sabendo também que o poder do trono será seu. Não esqueçamos que Orestes herda o poder político eliminando a mãe. Várias gerações de psicólogos têm se concentrado exclusivamente no complexo de Édipo, como se o complexo de Orestes não fosse tão essencial.

Mas há mais sobre o mito do que a perda da autoridade feminina. Como os sonhos, os mitos podem ser compreendidos de várias maneiras, e podem surgir inúmeras interpretações, cada qual tão válida quanto a seguinte. Neste mito, podemos ver a derrota das mulheres pelo espírito patriarcal, ou podemos olhá-lo do ponto de vista de Ártemis e perguntar-nos por que Ifigênia foi oferecida a ela e não a outra deusa, embora a volta ao tema do aborto possa parecer um caminho indireto. O aborto é um problema tão amplo que vários caminhos estranhos levam a ele.

ELA TEM UM CORAÇÃO FORTE

O que é o sacrifício humano?

O politeísmo foi desacreditado pela imagem de uma criança inocente sendo arrastada por pagãos maus até um altar para ser sacrificada a uma deusa cruel, como se Deus também não tivesse exigido o sacrifício e a crucificação de seu filho único. A imolação de Cristo também é apresentada como uma redenção. Mas Eurípides fizera de Ifigênia uma redentora da Grécia, muito antes do mito de Cristo, o redentor. Ele a faz dizer:

> Eu morrerei — estou resolvida — e tendo fixado minha mente quero morrer bem e com glória, afastando de mim tudo o que seja fraco e ignóbil. Mãe, aproxima-te de mim, acompanha minhas palavras e dize-me se falo bem. Toda a Grécia volta os olhos para mim, somente para mim, grande Grécia com seu poder — pois através de mim está o zarpar da esquadra, através de mim o saque e a ruína de Tróia. Por minha causa, os bárbaros não mais desonrarão e raptarão mulheres gregas. (...)[20]

Para Eurípides, assim como para nós, o sacrifício não consentido de uma vítima é assassinato. Para Ésquilo, o dramaturgo grego que precedeu Eurípides por 45 anos, está claro que Agamenon comete um crime se Ifigênia tenta escapar. Em sua versão da história, Ésquilo faz testemunhas expressarem horror porque a vítima não quer morrer; ele a exibe com o rosto amordaçado para impedi-la de rogar pragas ao povo. O fato de as testemunhas se escandalizarem por ela não querer morrer nos mostra que os sacrifícios antigos, se destinados a agradar aos deuses, tinham de ser voluntários. Os gregos tiraram daí uma superstição reveladora: se um animal escapasse da faca do sacerdote, era considerado mau agouro e o animal era poupado. Quando o sacrifício humano foi levado para o palco, a pessoa ia para o altar de boa vontade; já não era um assassinato, mas quase um martírio. O comportamento de Ifigênia está portanto relacionado com o de mártires e virgens, que os cristãos gostam de exaltar por sua coragem. Considerando que, de fato, sabemos muito pouco sobre a época em que supostamente se realizava o sacrifício humano, é possível que as vítimas se aproximassem do altar como os mártires cristãos: estáticos, prontos para ir ao encontro da morte.

É verdade que o mártir potencial é condicionado e manipulado pela própria cultura. Os clãs, as famílias e as seitas religiosas — desde os gregos e os primeiros cristãos até o presente — sempre exercem enorme poder psicológico quando convencem seus membros de que seu credo vale mais do que a própria vida, que é preferível morrer a abandonar a fé, a causa, o totem, a bandeira.

Antes de prosseguir com o tema do sacrifício, gostaria de esclarecer uma questão. É difícil para mim falar sobre o auto-sacrifício heróico porque, quando criança, eu me rebelei quando as freiras sugeriram que meditasse diante do Sagrado Coração sangrando ou do Cristo na

ELA TEM UM CORAÇÃO FORTE

cruz, com o peito traspassado, pregos cravados na carne, testa coroada de espinhos. Eu também não gosto dos detalhes, abundantes na literatura, arte e mitologia cristã, das torturas sofridas pelos mártires — queimados na fogueira, amarrados a uma roda, aprisionados, espetados, decapitados. Quando comecei a estudar os deuses e as deusas gregas, sua natureza boa parecia muito mais saudável — até o ponto em que a figura de Ártemis me fez reconsiderar a questão toda. Ela é uma deusa pagã, e contudo é a personificação de valores absolutos, de pureza a qualquer preço, qualidade que, inevitavelmente, conduz ao martírio. Nisto, Ártemis é o oposto da linda Afrodite, tão legal, conciliadora, doando-se a qualquer acordo que permita o triunfo do amor e do desejo. Mas na mitologia cristã não há equilíbrio, e a tendência ao sacrifício adquire grande ênfase pela falta de um contrapeso. Num contexto politeísta, um equilibra o outro: Ártemis equilibra Afrodite. Há mães (Gaia, Réia, Deméter) e não-mães (Atena), esposas (Hera) e amantes (Afrodite), jovens virgens (Ártemis, Ifigênia, Perséfone) e solteironas (Héstia).

Como Cristo implora ao pai que não o poupe, Ifigênia também está ansiosa por sacrificar-se. Ela diz à mãe: "Eu falo isto como uma esperança e um medo anteriores, portanto ouça-me. (...) Apenas deixe-me salvar a Grécia, se eu tiver força."[21] A morte dela assegurará a salvação de toda a Grécia, e seu ato redimirá as transgressões de Agamenon e a traição de Helena. Ifigênia honra o Deus que exige o sacrifício de sua vida, como Cristo fez e, como ele no monte das Oliveiras, ela soluça pela última vez antes de receber a coroa do martírio. Ao contrário do mito cristão, porém, é uma deusa e não um deus quem cobra o sacrifício dela, e sua raiva por ter de morrer volta-se para a mãe e não para o pai: "Ó mãe, minha senhora mãe, agora te dou minhas lágrimas para que quando eu venha para o lugar sagrado já não tenha que chorar. Agora, donzelas, unamo-nos em louvor a Ártemis..."[22] Mas o espírito de sacrifício e o desejo de continuar vivendo na memória são a mesma coisa.

Cristianismo: uma religião de sacrifícios

Quando digo a meus alunos que os sacerdotes da antiga Grécia sacrificavam animais nos altares sagrados, a maioria deles acha isso cruel. Eles imaginam um cordeirinho sendo eviscerado numa pedra de altar por um sacerdote que manuseia uma faca grande. Para eles os pagãos parecem ter sede de sangue. Mas devemos recordar que os gregos só comiam carne em festas, e sua maneira de pedir desculpas ao animal era transformar a matança num ritual. Fora o respeito pelos animais, eles chamavam de *sacrifício* o que nós substituímos por *matança*, um ato do qual nem mesmo temos consciência. Os carnívoros não se preocupam em descobrir como são mortos os animais que comem ou quais são os novos métodos refinados para

ELA TEM UM CORAÇÃO FORTE

manter a carne tenra para o jantar refinado (como manter um bezerro, durante sua curta vida, num espaço estreito que não lhe permite levantar-se, evitando que os músculos endureçam). O ritual grego de oferecer um pedaço do animal aos deuses também era um modo de evitar o desperdício da gordura e dos ossos, menos atraentes para o consumo humano, enquanto os fiéis (e principalmente os sacerdotes) tratavam-se com carne. Uma vez admitindo que sacrificamos animais, podemos perguntar: nós também sacrificamos humanos? Não! É claro que não, é crime segundo nossos livros. Mas se perguntarmos se desperdiçamos a vida humana a resposta é mais complexa.

O judaísmo e o cristianismo apresentavam os sacrifícios humanos como um fenômeno das religiões das deusas antigas, como se essa barbaridade se devesse à presença de figuras femininas no panteão dos deuses, como se só o patriarcado se opusesse a tal dissipação da vida humana. Mas isso não é verdade. Cada cultura, seja matriarcal, patriarcal, antiga ou moderna, tem uma determinada maneira de sacrificar vidas humanas. Às vezes é difícil detectá-la em nossa própria cultura, porque criamos racionalizações herméticas para evitar vê-la. Nem o patriarcado nem o cristianismo acabaram com o auto-sacrifício por objetivos religiosos, ideológicos ou políticos. O que mudou foram as causas e o modo de fazê-lo. Temos os próprios mártires, mas a forma, o significado e os oficiantes já não são os mesmos.

Do pouco que sabemos sobre práticas antigas de sacrifício, a vítima é morta por nenhuma razão aparente, exceto que um deus pediu esse sacrifício. Em contrapartida, nossos costumes carregam um raciocínio racional elaborado, que finalmente chega a um julgamento legal ou religioso pelo qual nos é permitido destruir, torturar, ou prender pessoas em nome de ideais políticos ou religiosos. Tiramos mais vidas em nome da Fé, Raça, Regime ou Progresso, relativamente, do que as sociedades arcaicas sacrificaram a seus deuses sedentos de sangue. De acordo com uma estimativa conservadora, o número de pagãos massacrados nas Guerras Santas, as Cruzadas, e nas Inquisições foi mil vezes maior do que todos os cristãos mortos pela fé ou condenados pelos imperadores romanos.[23]

O massacre de Béziers, na França, é um exemplo bem conhecido da propensão cristã de sacrificar vidas humanas quando a ortodoxia era ameaçada. Na Idade Média, quando os cátaros eram perseguidos no sul da França, a cidade de Béziers foi atacada pelo exército do rei, aliado dos inquisidores, que queriam punir a heresia cátara. Quando a cidade foi tomada, o general-comandante fez a seguinte pergunta ao inquisidor, um sacerdote dominicano: "Como os soldados podem distinguir os hereges dos bons cristãos, em meio à população civil?" O inquisidor, numa resposta famosa, diz: "Mate todos, Deus reconhecerá os seus!" Nesse massacre, foram mortas mais pessoas do que nas mais conhecidas perseguições de cristãos por qualquer imperador

ELA TEM UM CORAÇÃO FORTE

que se queira escolher. Mas isso não causou a mesma impressão do que aquela dos cristãos atirados aos leões, porque se recusavam a aceitar a lei romana de submissão ao imperador. Estudos antropológicos das sociedades arcaicas muitas vezes contam as execuções de condenados e prisioneiros de guerra como sacrifícios humanos, quando a morte ritual implica uma oferenda a um deus. Mas não permitamos que as palavras obscureçam a verdade. Em nossa cultura, os mais sofisticados rituais públicos envolvem o processo de decisão (investigações, prisões, interrogatórios, julgamentos, ou arremedos de julgamentos), e as sentenças ficam no âmbito privado. Já não vemos o sofrimento dos condenados. Nos países ocidentais onde a pena capital ainda existe, a morte real é reduzida a uma formalidade na presença de poucas testemunhas, a maioria de funcionários subalternos pagos para executar a sentença. Nas sociedades arcaicas, os mais elaborados rituais estavam presentes no momento da morte numa cerimônia solene e pública. Esse é o nosso sistema judicial, fortemente ritualista, não a real execução da sentença. Mas o sofrimento está lá, mesmo que já não nos seja permitido vê-lo. Cada cultura tem sua maneira de controlar, punir, ou matar os indivíduos que não respeitam os valores sobre os quais ela foi estabelecida. Minha intenção não é comparar os méritos respectivos de tratamento de criminosos, mas qualificar o que significa o sacrifício humano. Dados esses fatos, quero considerar os valores que formam a base dos procedimentos de condenação, pois acho que vivemos numa cultura que, sob o pretexto de preservar a vida, tende a sacrificar mães.

O desperdício de seres humanos

Os mártires cristãos gostavam de proclamar que os valores espirituais que defendiam eram estimados. Era um grande feito morrer pela fé. Mas, quando mudamos para o valor colocado na vida de hoje, podemos indagar em que categoria colocar os 114 milhões de crianças que, de acordo com um relatório do UNICEF, de 1989, sobre a situação das crianças do mundo, sofrem de violência por parte de adultos, fome, tortura, prostituição e doenças devidas a ambientes insalubres. Desse total catorze milhões morrem todos os anos, de acordo com os números das Nações Unidas. Sem mencionar os jovens que morrem por drogas diante de nossos olhos, com tal regularidade que essas mortes mal podem ser chamadas de acidentais. Como nos sentimos com o aumento de suicídios entre os jovens e os idosos, que sabemos ser causados por um conjunto de problemas psicossociais que podem ser modificados? E os milhões de mortes atribuídas ao fumo de cigarros, quando a pesquisa médica há muito provou seus efeitos devastadores? Por que ainda nos recusamos a impor padrões de segurança aos fabricantes de automóveis, que sabemos custar caro mas que

ELA TEM UM CORAÇÃO FORTE

também salvariam vidas? Como explicar a tolerância dos governos com os grandes poluidores industriais cujos efeitos danosos redundam em fatalidades? Como explicar que nossos governos apóiem regimes que dão pouca importância à vida humana (principalmente a vida de mulheres e crianças)? Por que aceitamos com tanta facilidade as decisões políticas e burocráticas que, ao longo dos anos, privam comunidades inteiras daquilo que precisam para sobreviver? Sacrificamos ao deus do Dinheiro, ao deus do Progresso, ao deus do Poder.

E, em outra categoria de vidas perdidas, o que fazer, por exemplo, com o piloto de carro de corrida cuja morte violenta é apenas uma questão de tempo? Ele não é o líder de uma causa, ele não defende valores coletivos como se espera de um mártir, mas o espetáculo de sua morte satisfaz e absolve uma necessidade de violência daqueles que o consideram um herói. E, quanto mais esse tipo de herói corteja a morte, isto é, corre riscos, mais é idolatrado. É claro que a palavra *acidente* é usada aqui no lugar de auto-sacrifício, mas o público continuaria a apoiar este tipo de espetáculo se ele não tivesse sua cota normal de mortes? Os promotores não pensam assim, e é por isso que exploram as estatísticas de fatalidade, a pequena expectativa de vida dos corredores, e as fotografias de batidas que provam que é um negócio sério. Por motivos culturais (e porque já não matamos com as próprias mãos os animais que comemos), a imagem de uma espada de gladiador romano eviscerando o adversário nos choca mais do que a colisão de dois automóveis. Contudo, grande número de gladiadores romanos chegaram à idade da aposentadoria; e ao passo que alguns foram forçados a lutar na arena, outros a escolheram por vontade própria, por bom pagamento; e todos eram treinados por bons especialistas. Os chamados rituais de nossos esportes (envolvendo altos riscos e drogas) são tão sacrificiais quanto os combates dos gladiadores: alguns, com certeza, vão morrer.

Às vezes a morte é a melhor opção

Podemos imaginar uma circunstância na qual estaríamos prontos para dar a vida para salvar um filho, a família, nossa liberdade, ou por uma causa que nos pareça mais importante do que a própria vida (talvez a democracia, ou a igualdade racial ou sexual). A bravura de Ártemis ao defender a virgindade é símbolo de que certos valores não devem ser traídos, de maneira alguma, ou do contrário nossa alma é violada, nossa identidade extinta e somos perseguidos por nossa traição.

Ao longo da história, regularmente aparecem indivíduos heróicos, a ponto de podermos indagar se o autosacrifício heróico não será parte integrante da condição humana. Ifigênia, Cristo, os *kamikases* japoneses, os monges budistas ateando fogo em si mesmos, o mártir político, o mártir cristão, a mãe que protege o filho com o corpo, o pai que arranca a família de uma casa em chamas — todos arriscam suas vidas voluntariamente e nos lembram de que vale a pena o sacrifício por certos valores.

O martírio, o sacrifício por uma causa, a eutanásia, ou o suicídio heróico de que a mídia tanto gosta — tudo sugere que a morte, sob certas circunstâncias, pode ser preferível à vida. *O aborto sempre foi e continua sendo outra maneira de escolher a morte sobre a vida.* Abortar um feto não desejado é simplesmente uma mudança de ênfase, pois o cristianismo sempre foi uma religião de sacrifício: ele sacrifica a mãe e não o filho. A função de Ártemis é proteger a pureza da vida. A Virgem Pagã não permitirá que a vida seja diminuída, ofendida ou degradada, de jeito nenhum. A deusa que tem o poder de apoiar as mulheres que dão à luz não vacila quando, com sua flecha veloz, proporciona morte rápida.

A guerra entre os sexos é uma guerra religiosa

Diz-se, de várias maneiras, que a guerra entre os sexos é, em primeiro lugar e principalmente, uma guerra religiosa. É mais do que óbvio quando consideramos a escolha das causas pelas quais a vida é sacrificada e a forma de poder exercido na decisão de quem será sacrificado. Ao longo dos séculos, os milhões de mulheres que morreram de aborto em condições horrorosas foram na realidade sacrificadas, vítimas a contragosto do dogma sexista religioso. Se a Organização Mundial de Saúde estima que duzentas mil mulheres morrem a cada ano como resultado de abortos clandestinos, podemos nos perguntar qual seria a cifra total dos últimos dois mil anos de monoteísmo — seja cristão, judeu ou muçulmano. É um número tão incrível que fico tonta só de pensar nele. Considerando que essas mulheres não se imolaram voluntariamente, como uma mãe interceptando os tiros destinados ao filho, a morte delas, na mentalidade da Grécia antiga, estaria mais próxima do assassinato do que do sacrifício. Hoje não podemos falar de acidentes ou de riscos aceitáveis, pois a tecnologia dos abortos seguros está disponível há muito tempo; é questão de um procedimento simples e barato, mais seguro do que uma vacinação. Com a pílula francesa RU-486, não é mais doloroso do que uma cólica menstrual, e o custo é mais baixo do que o de extrair um dente.[24] Se as mulheres são obrigadas a procurar abortos clandestinos, e muitas morrem disso, é claro que nossa moralidade religiosa e nossa vontade política não estão preocupadas com o sacrifício dessas vidas.

A razão pela qual as questões sobre controle da natalidade, sempre de interesse vital para as mulheres, são resolvidas há tempos em confessionários por um clérigo exclusivamente masculino é porque todas as funções biológicas e espirituais da mulher, bem como as da sexualidade do casal, foram desconsagradas. Há dois mil anos o cristianismo vem rejeitando a igualdade entre os sexos: as mulheres não têm uma deusa à sua imagem nem uma sacerdotisa para servi-las. Assim, não é surpresa que as religiões conservadoras deixem de ver que o controle da natalidade e o aborto podem ser a expressão de uma forma de consciência feminina altamente desenvolvida, não apenas um ato egoísta, e que a estabilidade da comunidade humana pode depender do exercício e refinamento dessa consciência.

Do ponto de vista pagão, é bastante tolo e até absurdo sacrificar a mãe pelo bem do recém-nascido, porque a criança de fato precisa dela. Além disso, numa cultura em que a vida animal e a vida humana são vistas como parte da mesma série contínua, têm que ser feitos julgamentos morais antes de matar um animal para comer. Quando matamos para comer, emprestamos um valor mais alto à vida humana, e isso é nossa justificativa. Ártemis, que personifica o respeito pela vida animal, aceita a necessidade da caça, mas apenas se observadas as regras e os rituais de absolvição. Na maioria das religiões de deusas, aplica-se um raciocínio similar ao feto e ao recém-nascido. É moralmente aceitável que uma mulher que dá a vida também possa destruí-la sob certas circunstâncias, embora haja restrições ao uso desse poder, e sempre há um tempo limite dentro do qual deve-se chegar a uma decisão. O tempo varia nas diferentes culturas, mas, além desse ponto, quem matar um feto cometerá um assassinato. Hoje, na maioria dos países em que o aborto é permitido, aplica-se o tabu a partir do momento em que o feto é viável. É importante salientar que em culturas mais antigas considerava-se viável o infante cuja mãe pudesse cuidar dele, e o pai lhe desse um clã e um nome, portanto o símbolo de um compromisso coletivo para o futuro da criança. *Esse é o compromisso que perdemos.* Sabemos, por exemplo, que muitos bebês — vítimas da AIDS, má nutrição, doenças maternas e vícios — viverão apenas uns poucos anos. Se os partidários do Pró-Vida consideram que a vida começa no momento da concepção, por que não aumentar o limite e chamar essas vidas diminuídas de vidas abortadas? Esses abortos de tempo retardado são tão insuperáveis em crueldade que se tornam completamente inaceitáveis.

Uma prova de que os fundamentalistas não ligam para crianças é o último exemplo da Romênia. Como resultado das leis antiaborto e anticontracepção, muitas crianças foram empurradas para famílias que não podiam cuidar delas. Após a queda de Ceausescu, havia cerca de cem mil crianças em orfanatos, muito subdesenvolvidas, autistas, malformadas, subnutridas, como conseqüência de abandono e escassez de recursos. (Não incluo nesta estatística as crianças que contraíram AIDS por haver recebido sangue em lugar de comida.) Estes são, na realidade, abortos vivos. Abortos de justiça.

O gesto de braços estendidos para receber e abençoar os filhos foi um símbolo da Deusa-Mãe. O papa católico tomou-o do culto a ela. O sangue menstrual não era uma praga imposta à mulher por seus pecados (e sua feminilidade), como no dogma cristão. Longe de ser visto como substância ruim, era considerado como sendo dotado de poderes mágicos. Os papas, apesar dos braços abertos e expressões de compaixão, apesar das vestes brancas, apesar do cálice (símbolo da deusa Deméter), falharam num importante ponto, algo que as mães sempre souberam, ou seja, a sobrevivência e o bem-estar de uma criança são ligados ao bem-estar da mãe e à capacidade da comunidade de bem acolher a ambos.

Neste contexto, a imagem do papa dando um abraço de boas-vindas é uma ilusão. As vestes papais escondem um peito vazio; os braços abertos tiram mais do que dão. Embora use mantos, vestuário de mulheres, e fale da Mãe Igreja, o papa encabeça uma instituição que dessantifica, sistemática e conscientemente, todas as funções relacionadas com o ciclo de vida da mulher. Eis porque é hora de voltar ao simbolismo de Ártemis e todas as outras deusas, cada uma das quais representa um aspecto da consciência feminina.

Ártemis representa a recusa a dar vida se o dom não é puro e imaculado, seja pela dominação de um sexo sobre o outro ou por condições que não o fazem prazeroso. A mãe que jamais aprende a dizer "não", "pare" e "basta" ameaça o bem-estar do filho; o mesmo princípio se aplica a partir do momento da concepção. Dizer não é um aspecto fundamental do ser maternal. É mais do que o estabelecimento de um limite. É uma compreensão vinda de Ártemis de que o "não" é básico para a vida e a sobrevivência do planeta. Os que alegam que o aborto, hoje, é sinal de egoísmo por parte de mulheres e casais, que a criança é sacrificada pelos mais baixos padrões de nosso materialismo ateu, expressam um certo aspecto do problema, pois o egoísmo e o materialismo na realidade existem. Mas, examinando de perto os casos individuais, surge um assunto mais importante: a maioria das mulheres que abortam assim o fazem por saber que um filho não desejado, fruto de constrangimento e infelicidade, será ofendido, de algum modo inaceitável. Como Ártemis devia matar um animal ferido, em vez de permitir que mancasse ao longo da vida, também a mãe deseja poupar o filho de um destino doloroso. Não há nada mais cruel do que o sofrimento de uma criança, e as mães sabem disso melhor do que ninguém. Escolher o aborto não é imoral; é simplesmente outro tipo de moralidade, a moralidade pagã. É hora de parar de ser defensivo a respeito da questão, é hora de apontar o dedo que acusa para outro campo e denunciar sua própria posição imoral.

O aborto é um ato sagrado

Desde que a moralidade sexual perdeu o aspecto religioso, polarizaram-se as atitudes em relação ao aborto. Por um lado, há os favoráveis ao aborto, que o vêem como algo *privado* e *médico,* uma questão de moralidade individual na qual não há lugar para a religião. Eles não se importam com

ELA TEM UM CORAÇÃO FORTE

o fato de o aborto muitas vezes provocar uma grande crise *espiritual* em mulheres e casais, uma crise além da competência do processo médico. No outro extremo, os adeptos do Pró-Vida se opõem ao aborto do ponto de vista *religioso* e *coletivo*. Aos olhos deles ninguém tem direito ao aborto. Neste caso, toma-se conhecimento da dimensão espiritual, mas apenas dentro do dogma cristão, como se não existisse outra forma de espiritualidade. É óbvio que todos têm o direito a suas crenças religiosas, mas e se as minhas são pagãs?

Cristãos: ponham seu dinheiro no lugar da boca!

Vamos tomar o exemplo de alguns pais do Pró-Vida, que, por motivos religiosos, proíbem as filhas adolescentes de fazer aborto. Não há lei que faça esses pais se responsabilizarem, econômica e moralmente, pelos filhos dessas menores; na maioria dos casos, essas mães adolescentes e seus bebês ficam dependentes do governo, que pode, às vezes, assumir o custo de uma vida inteira — é desnecessário dizer, mil vezes mais dispendioso do que um aborto. Eu me pergunto por que não voltamos ao argumento daqueles que não apóiam o aborto livre e os deixamos pagar pelas conseqüências de uma moralidade cristã retrógrada. Se os pais se opõem ao aborto de uma filha menor, e têm recursos, por que não responsabilizá-los pela criança? São eles e as igrejas fundamentalistas que insistem em que aconteça o nascimento. Por que não lhes mandar a conta? Eles precisam ter a coragem de suas convicções. Nossos líderes religiosos não estão preocupados com questões mundiais, o que significa que passam a conta para o Estado. E essa conta é astronômica, se comparada ao custo do aborto livre.

A mesma atitude irresponsável existe em relação aos exames pré-natais para diagnóstico de doenças congênitas; a facção Pró-Vida se opõe porque o resultado dos exames pode levar à decisão de abortar. Uma vez mais é o contribuinte quem arca com a responsabilidade econômica pelas crianças cujos pais insistem em trazer ao mundo com enfermidades que os tornarão totalmente dependentes. Por que não questionar o custo para a comunidade de decisões baseadas em crenças religiosas pessoais?

Desejo esclarecer o seguinte. Eu jamais sugeriria que se recusasse auxílio a uma família que cria uma criança incapacitada por um acidente da natureza. Como esses acidentes, como fogo, inundação e outras catástrofes biológicas não são previsíveis, o apoio do governo às famílias atingidas é um ato humanitário do qual a nação pode orgulhar-se. Perder esta espécie de rede de proteção seria um retrocesso. Mas, se existe uma alternativa, é inevitável que haja motivo para discussão. O pai (ou mãe) então faz uma escolha esclarecida, ou seja, ter um filho que jamais será auto-suficiente. Numa sociedade democrática, jamais se imporia o aborto a uma mulher ou uma família moralmente contra, fora do respeito por suas crenças religiosas. Mas, considerando que é uma *escolha* privada, podemos aplicar o mesmo raciocínio e perguntar quem se responsabilizaria pelos custos. A Igreja? O casal? O contribuinte? Só a mulher? A comunidade local? A caridade particular? No momento, os governos da maior parte dos países ocidentais subscrevem a moralidade religiosa da maioria judaico-cristã, ao mesmo tempo em que proclamam a separação de Igreja e Estado.

A mesma lógica poderia aplicar-se ao pai. Até agora, nenhuma lei conseguiu tornar os pais realmente responsáveis por sua paternidade; muitos se opõem à contracepção e ao aborto e, ao mesmo tempo, fingem ser eternamente celibatários. O Estado, isto é, o contribuinte, paga uma enorme conta por isso, não apenas em termos econômicos (pois é sabido que as mulheres que mais optam pelo aborto são as menos favorecidas), mas também em termos sociais. É raro que as instituições religiosas sirvam de pai substituto para as crianças abandonadas pelos pais naturais; isto recai sobre a mulher, sua família, o sistema escolar, a vizinhança, o governo, e, em muitos casos, o sistema correcional. Os policiais treinados para trabalhar em áreas com altas taxas de delinqüência juvenil sabem que substituem, simbolicamente, o pai ausente, bem como a lei e a ordem. Um desses policiais escreveu este comentário no fim de um documento de psicologia.

Esses jovens nos procuram e nos provocam como um adolescente provoca o pai. Foi com a gente que aprenderam o beabá. Temos consciência de que funcionamos como pais, e que o policial às vezes é o tipo de homem comum que o garoto pode encontrar na vida. As crianças estão sempre excedendo os limites, e o policial precisa estabelecer as fronteiras, pois não há pai para dizer "basta, garoto". É impossível acompanhá-los individualmente, o que é necessário, e quando cometem um delito parece que estão pedindo nossa atenção. A maioria desses garotos não foram desejados, e eles sabem disso. As mães estão cansadas porque têm de trabalhar, além de fazer tudo em casa. Os parceiros as deixaram com a inteira responsabilidade, material e moral. Quando os filhos se tornam adolescentes ficam oprimidos; é quando desmoronam. Isso torna as crianças muito agressivas.

Há uma diferença entre o respeito pelas convicções de um grupo religioso — ou seja, acomodar um grupo social que se opõe ao aborto e se recusa a praticá-lo — e ser forçado, como comunidade, a responsabilizar-se por suas escolhas. Todos têm direito às próprias opções morais, mas quando isso significa que as mulheres e a integridade de sua estrutura social e a do planeta têm de arcar com as conseqüências de crianças indesejadas, todos nós precisamos ser ouvidos. Talvez seja meio provocativo dizer "Sou pagã e meu senso do que é moral não é o mesmo que o da moralidade cristã", mas tal declaração poderia ser interpretada como se a moralidade judaico-cristã tivesse um papel muito maior na vida pública do que imaginamos.

Os primeiros cristãos recusavam uma vida que lhes parecesse a negação do amor e da justiça. Quando um cristão optava pelo martírio, ele o fazia em nome da vida espiritual, e era a pureza do compromisso com os valores humanos que o levava a preferir a morte à vida de acomodação. O mesmo tipo de pensamento nos permite escolher o aborto quando somos incapazes de oferecer a um filho o melhor de nós mesmos e nossos recursos. Há um limiar, tanto físico como psicológico, além do qual sentimos não poder oferecer o dom da vida. Dar a vida é o mais justo dos dons; não pode ser dado pela metade. Se hoje queremos apontar o dedo para um comportamento moralmente inaceitável, seria para as pessoas que forçam outras a reproduzir-se sem assumir a responsabilidade pelas conseqüências. Talvez devêssemos mandar as crianças não amadas, subnutridas, sem educação — as esgotadas, as prostitutas, as delinqüentes — aos patriarcas das igrejas que proíbem a contracepção e o aborto das esposas, amantes, filhas, irmãs. Se eles fossem responsabilizados por suas crenças religiosas, e se de fato fossem obrigados a assumir o custo total dos cuidados e do apoio moral cotidiano a essas crianças não desejadas, a vida neste planeta jamais seria a mesma. O trabalho de uma mãe mudaria automaticamente sua consciência.

Os grupos antiaborto impõem seus valores a toda a comunidade sob o pretexto de defender as sagradas crenças religiosas. Podemos reagir invocando outro padrão moral igualmente sagrado — o respeito à ligação mãe/filho. Por ser esse relacionamento o mais íntimo de todos e porque o útero da mulher é sagrado, forçar qualquer mulher a ter e criar um filho contra a vontade é inaceitável violação moral. É uma questão grave danificar esse elo sagrado bem no início da vida, porque as sementes da amargura são plantadas numa hora em que o amor e a receptividade são necessários. Forçar uma criança a viver num corpo hostil a ela tem que ser denunciado como cruel. Existe algum meio menos promissor de vir ao mundo? A vida é preciosa demais para permitir que hostilidades sexistas ou religiosas envenenem o primeiro estágio. A pureza de uma criança exige uma reação não ambivalente de nossa parte para produzir cada nova vida.

As mulheres sempre exigiram o direito de praticar a contracepção e o aborto. E são as mulheres que passam a maior parte do tempo com os filhos, amando-os e cuidando deles. Por todo o mundo a pobreza é uma realidade para as mulheres e, de modo especial, as mães. Os sociólogos agora usam a expressão "a feminização do poder" para descrever esta situação, que se observa no mundo todo. Betty Friedan chamou a atenção, em 1981, para o curioso conjunto de valores defendidos pelo grupo lobista em Washington, na época.[25] O mesmo grupo Pró-Vida que colocou a vida do feto acima da vida da mãe na chamada "Emenda dos Direitos Humanos" também propôs restabelecer a lei que permitia aos pais o controle físico (castigo corporal) de esposas e filhos na "Lei Laxalt de Proteção à Família". Essa atitude é um dogma básico do monoteísmo dos fundamentalistas cristãos, islâmicos e judeus.

Esses monoteístas se recusam a admitir o fato de que é a criança a primeira a sofrer quando não há espaço em casa, quando a mãe, exausta ou maltratada, sente que já não pode dar de si mesma, quando os recursos à mão, apesar dos esforços de todos, não conseguem garantir o mínimo suficiente de cuidado, espaço, atenção e amor que cada ser humano precisa ter para sobreviver intacto.

Filho contra mãe

Nos casos de partos difíceis, no passado, os padres católicos recebiam ordem para sacrificar o interesse da mãe ao do filho, e essas mães nunca tinham a chance de decidir por si mesmas se queriam ser sacrificadas no altar da maternidade. Claro que isso só acontecia em casos extremos e hoje é raro encontrar esse fanatismo, ao menos nos países ocidentais. Mas a escolha da criança e não da mãe é evidente hoje até nos mais moderados pronunciamentos do Vaticano, pois negando às mulheres o poder da escolha, e, portanto, o poder de destruir, a Igreja restringe a função da mulher à sua capacidade reprodutiva. Considerando o fato de que nenhum poder é absolutamente positivo em todos os seus mecanismos, uma vez que o poder da mulher de dar a vida vem sem a possibilidade de controlá-lo, todas as qualidades morais dela são mantidas no mais baixo nível.

Como a mulher já não é sacrificada *fisicamente* e o efeito destrutivo é interno e não externo, acredita-se que a moralidade cristã evoluiu na direção certa. Mas quem trabalhou na área da saúde mental sabe que uma gravidez imposta pode causar sofrimento em todos os níveis: psicológico, social, econômico, intelectual e espiritual. É muito difícil submeter-se a uma ou várias gestações contra a vontade e ainda sentir-se como uma pessoa plena. Forçar uma mulher a uma gravidez é uma das mais profundas feridas que podem ser infligidas ao espírito do ser humano.

Tal como na escravidão, uma pessoa controla o corpo de outra e impede que se desenvolvam relações normais com os outros e com a criança. O filho não desejado, como os filhos de escravos, carrega a marca da dominação mesmo antes de chegar ao mundo. No princípio a Igreja cristã opunha-se à escravidão, e por isso puxou para si mesma uma clientela de escravos. Mas na prática ela tem tolerado, e até apoiado, um sistema de servidão ao longo da história. Um lorde da Idade Média na realidade não era dono do servo como *pessoa* (que é a estrita definição de escravidão), mas a servidão foi definida como sendo o senhor o dono da *terra* na qual viviam o servo e a família, um circunlóquio que permitia aos cristãos a prática da escravidão em sã consciência. O servo e seus descendentes pertenciam, até o fim da vida, à terra do senhor; não havia outro meio de vida, nem terra que não pertencesse aos senhores, e o servo não podia fugir nem aproveitar os frutos de seu trabalho, ou casar-se sem a permissão do amo. Em alguns lugares, o senhor até se reservava o direito de deflorar a mulher serva na noite de núpcias.

Na prática, o servo se encontrava numa situação pior do que a dos escravos domésticos dos tempos dos gregos e romanos, que ao menos podiam ser emancipados e ter os próprios filhos, que eram livres. Em Roma, por exemplo, sob o império, a maioria da população era de escravos libertos. Quando a Igreja alega que não apoiava a escravidão é, por um lado, uma falsidade; ela a apoiava.[26] Por outro lado, é um modo de esquecer que ela apoiava a servidão, sistema considerado por muitos historiadores pior que a escravidão.

A relação servo/senhor foi o modelo escolhido pela Igreja para definir o relacionamento entre os sexos: a esposa deve considerar o marido *amo e senhor*, o que não era à época um artifício estilístico nem uma piada, mas, literalmente, uma forma de desigualdade obrigatória da Igreja. Em vários pontos de sua história, o cristianismo oficial tentou uma justificação teológica para escravidão e servidão, alegando que essa desigualdade era tão natural quanto a dominação da mulher pelo homem (que para eles parecia tão fundamental e necessária que não necessitava de justificação). É um círculo fechado; sexismo e servidão justificam-se mutuamente.

O historiador francês Guy Fau oferece este comentário sobre o papel do cristianismo oficial com respeito à mulher:

> Não é absolutamente paradoxal lembrar que a Igreja, ao mesmo tempo em que colocou a mulher em situação inferior, legitimou a escravidão em nome de orientação divina, mas, é claro, em benefício do senhor. Bossuet só repetiu as lições de Santo Agostinho, Tomás de Aquino e os papas quando escreveu que condenar a escravidão seria condenar o Espírito Santo, que diz que os escravos, segundo as palavras de Paulo, estariam satisfeitos com sua condição e não pressionariam os senhores a libertá-los.[27]

A causa da proibição do aborto é uma expectativa não realista: a mãe deve *querer* e *amar* todos os filhos que concebe, mesmo quando a concepção não é procurada, mesmo quando é imposta por estupro ou incesto, mesmo quando ela sabe que não pode assumir essa responsabilidade. Isto é uma perspectiva inimaginável, por ser um objetivo que as mulheres *jamais* puderam alcançar em toda a história da humanidade. É uma dessas injunções contraditórias conhecidas em psicologia como dificuldade dupla — isto é, uma cruel manipulação que coloca a pessoa em posição impossível: não importa o que faça ou o que diga,

ELA TEM UM CORAÇÃO FORTE

ela está errada. Se aborta, ela peca e tem que sentir-se sem generosidade, amor, força. Se não aborta, pode ser incapaz de ser boa mãe para a criança por causa das dificuldades resultantes de uma gravidez indesejada, e então também é culpada. Ela é culpada não importa o que faça. Este tipo de *dificuldade dupla*, pelo menos como descrita por Gregory Bateson, é mais do que uma contradição em termos: traz consigo outra mensagem, agora endereçada ao inconsciente, e proíbe que a pessoa note que, de fato, é uma exigência contraditória. Em outras palavras, é como se se dissesse às mulheres: pede-se a vocês algo impossível, e, ao mesmo tempo, pede-se que entendam que a situação é insustentável.

A única saída para essa dificuldade dupla é através da tomada de consciência. É necessário ser cônscio de que a situação é manipuladora, ilógica e louca. Os padrões religiosos, que colocam a mulher numa dificuldade dupla, as destroem tanto e em maior número quanto, por exemplo, quando um padre se recusa a permitir que um médico faça um aborto que poderia salvar a vida da mãe. A Igreja, na realidade, jamais aceitou o fato de que as mulheres têm alma, alma que sofre.

Mesmo hoje a posição fundamentalista básica afirma que o feto é mais importante do que a mãe. A escolha talvez já não seja entre a vida e a morte; é mais provável que seja em termos de sobrevivência psicológica. Por ser invisível, não significa que um espírito ferido não exista. A Igreja sacrificará a sobrevivência espiritual da mãe ao feto, sempre. Se essa atitude fosse limitada às esferas de influência que envolvem as instituições religiosas, seria relativamente fácil livrar-se da maior parte dos valores cristãos existentes a nível tão subconsciente que nem mesmo reconhecemos sua influência.

A moderna obstetrícia, por exemplo, sem que o notássemos, transformou-se numa especialidade que, a seu modo, põe a criança contra a mãe. O feto é o verdadeiro cliente do obstetra. Pode-se chamá-los de "fetólogos". Se a mulher reclama, por exemplo, da pressão exercida por um monitor fetal, é imediatamente interpretada como egocentrista. O bem-estar da mãe é quase sempre colocado contra o do bebê, nos mínimos detalhes, visto que os dois estão intimamente ligados.

Sob pretexto de evitar qualquer risco para os fetos, pelo menos 20% dos partos são de cesariana, cirurgia importante com sofrimento e riscos para a mãe, inclusive morte. Mesmo que apenas uma em dez mil morra, se a cesariana foi desnecessária (como geralmente é), não estaremos prestes a reviver o sacrifício da mãe em favor da criança? Não se toma a decisão individualmente ao lado do leito da mulher, mas os obstetras reivindicam para si o critério cristão. E o absurdo disso tudo é que, uma vez nascida a criança e a mãe mal saindo da cirurgia, os médicos mandam ambos para casa sozinhos, sem qualquer cuidado pós-natal. Diz-se às mulheres que a cesariana é melhor para o bebê. "Vejam esses lindos bebezinhos nascidos de cesariana, com bonitas cabeças redondas e sem efeitos secundários de trau-

ELA TEM UM CORAÇÃO FORTE

ma." É uma terrível mentira. Quando se diz a uma mulher "seu bebê vai sofrer, precisamos fazer uma cesariana", ela aceita imediatamente por amor ao bebê e por medo dos médicos. Ela aceita ser cortada, precisando de meses para recuperar-se da cirurgia, correndo o risco de complicações e muitas vezes depressão pós-parto por estar tão fraca. Ela aceita uma cicatriz enorme e permanente, perdendo a importante experiência de dar à luz conscientemente, para o que se preparou durante meses, tudo como conseqüência da conspiração médico-cristã.

Certas atitudes religiosas foram traduzidas para termos médicos do mesmo modo que podem ser encontradas em termos legais. Nossos médicos e juízes ainda não têm consciência de suas tendências religiosas. Seus padrões vão contra os fatos ecológicos: eles negam o elo básico de interdependência entre a mulher e o feto, entre o bem-estar físico e mental de uma mãe e a qualidade do relacionamento que ela estabelecerá com o bebê, entre a experiência feliz de um casal e a solidariedade da família que formarão no momento do parto. O reino cristão "não é deste mundo"; a alma está em algum lugar no alto e o corpo embaixo, separados, desmembrados como espírito e carne. O corpo é nada, apenas cinzas. Mas estes valores são desastrosos em termos de saúde. Eles também nos deram uma forma sádica de praticar a obstetrícia.

GINETTE PARIS

Não perturbe

Sempre que vou a um hotel não resisto e furto o cartão da maçaneta da porta que diz: NÃO PERTURBE. Para mim isso é o cúmulo do luxo — mandar no meu tempo, sozinha, por trás de uma porta fechada. Acredito que minha paixão pela fórmula mágica impressa no cartão seja uma herança dos anos em que eu estava sempre tentando equilibrar a vontade de escrever, o desejo de ter uma profissão, e a necessidade legítima de meus dois filhos de receber a atenção da mãe. Mas a experiência mostrou-me que são necessárias muito mais soluções draconianas do que colocar sinais em portas; a mulher tem que lutar muito por esses momentos quando é possível concentrar-se, pois uma mulher ativa sempre terá mais responsabilidades e coisas a fazer do que as que possam ser contidas em toda uma vida. É claro que os homens também têm de encontrar meios de evitar dissipar seu tempo, mas acho isso muito mais difícil para a mulher, porque uma voz interior diz-lhe repetidas vezes que o lugar dela é com os filhos, que ela foi egoísta e irresponsável por querer dispor de tempo para si mesma, querer sucesso profissional, que ela certamente se arrependerá algum dia quando os filhos arruinarem suas vidas, e assim por diante.

O feminismo contemporâneo deu à autonomia um certo grau de aceitação, mas antes não era normal que uma mulher quisesse viver sozinha, guardasse distância da sociedade, assim como não é normal, hoje, aos olhos dos

ELA TEM UM CORAÇÃO FORTE

adeptos do Pró-Vida que uma mulher não deseje criar todos os filhos que a natureza lhe mande. Essa mulher levanta suspeita em vez de admiração. Por outro lado, os eremitas, os homens sábios, os visionários, ou simplesmente solitários, muitas vezes são considerados admiráveis, e não são vistos como incompletos apenas porque declinaram de ser pais e preferiram viver sozinhos. Há poucas tradições que dão valor à solidão feminina, por isso, mesmo quando as mulheres se ausentam por motivos óbvios, talvez para criar uma obra de arte original, seu parceiro, os amigos, e os filhos sempre se surpreendem, pois isso não faz parte da tradicional imagem da feminilidade.

É hora de retornar à imagem de Ártemis, a selvagem, que, apesar da beleza, recusa-se a casar e prefere pertencer só a si mesma. (Na Grécia, a palavra virgem pode ser substituída por "a que não pertence a nenhum homem".) Amazona e arqueira perita, Ártemis vive no fundo da floresta como uma eremita que prefere os prazeres da natureza aos da cidade. A brilhante sociedade do Olimpo, os presentes, as intrigas, as demonstrações de ostentação não a atraem. Em termos psicológicos, a imagem de Ártemis representa o *lado selvagem de nossa psique*, a parte que resiste muito a socializar-se e se recusa a ser domesticada. É essa parte que nos faz querer, em certos momentos de nossas vidas, fugir de tudo, ouvir o vento soprando nas árvores, ou ouvir a voz interior. A psicologia moderna, centrada em relacionamentos, dá pouca importância à solidão como fator de saúde mental. A psicologia afirma que estar presente consigo mesmo é um pré-requisito para estar presente com outra pessoa, mas não leva à conclusão óbvia de que é necessária uma boa dose de solidão para estar presente consigo mesmo, em primeiro lugar. Quando prestamos atenção, constantemente, a outra pessoa, a um grupo, a parentes, colegas e amigos, quanto tempo, energia e espaço sobram para estar presente consigo mesma? A moderna psicologia leva Ártemis em consideração?

Quando o mito de Ártemis se manifesta em nossa vida, podemos reconhecê-lo pela sensação de já não pertencer a um grupo, um casal, uma família; ele representa um movimento oposto ao que a psicologia *gestalt* chama de *confluência* ou fusão com os outros, sendo que o exemplo extremo de fusão é a ligação entre mãe e filho. Ártemis, ao contrário das deusas maternais, nos convida ao afastamento dos outros para nos tornarmos autônomos. Ela é o arquétipo desses momentos deliciosos em que o ego já não recebe nenhum estímulo e, por fim, se aquieta completamente.

Essa solidão benevolente não deve ser confundida com um retiro depressivo causado pelo isolamento sentido como carência. O isolamento de pessoas idosas, ou crianças abandonadas, ou adolescentes entediados, não proporciona nenhum dos benefícios da solidão; essas pessoas são vítimas de uma situação que as priva do estímulo necessário. A solidão boa é uma experiência de plenitude, de paz, ao passo que o isolamento é sentido como um vazio. É aceitável que os artistas, intelectuais, ou reclusos precisem de uma forte

ELA TEM UM CORAÇÃO FORTE

dose de solidão, mas há muitas pessoas (que podem ser chamadas de personalidades do tipo Ártemis) que precisam dela para se manter sadias. Elas a usam para dar caminhadas, ler, contemplar, ou apenas pensar em silêncio, seja no campo ou atrás da porta fechada de um apartamento.

Quando se frustram constantemente pela necessidade de estar sós, algumas pessoas chegam a perder o equilíbrio psicológico. Quando uma mulher diz que não quer outro filho porque precisa de tempo para si mesma, pode não ser apenas uma idéia passageira; a chegada de um filho não desejado pode acarretar um estado de desespero. Uma mulher pode chegar a esse ponto depois de criar um filho, ao passo que outra pode sentir-se perfeitamente à vontade criando uma dúzia de filhos, que zumbem em volta dela como abelhas numa colméia. As pessoas precisam aprender a interpretar os sinais que mostram a necessidade de espaço, tempo, e um corpo que só a elas pertença. Isso não significa que devamos desistir dos relacionamentos importantes, mas todos podem desenvolver a sabedoria para reconhecer que há um tempo de fusão e um tempo de separação. Essas necessidades podem parecer contraditórias na superfície, mas na realidade podem ser preenchidas alternadamente.

HISTÓRIAS DE MULHERES

O que querem as mulheres?

Josie, uma mulher de 31 anos, vai à sessão de terapia e conta as queixas do marido. Ele não entende o que ela quer; um dia quer mais intimidade e, no seguinte, diz que não tem liberdade nem tempo para si mesma. O que, afinal de contas, ela realmente quer? Mais intimidade como casal, ou mais espaço para si mesma? Josie admite que vem mandando mensagens confusas ao marido e aos filhos.

Às vezes acho que digo "pare um pouco para que eu possa respirar", e no dia seguinte reclamo por senti-lo frio e distante, e desejo que pudéssemos passar mais tempo juntos, amando-nos. Percebo que a mensagem não é clara. Mas acho que não faço a conexão certa. Você pode dizer: não sei o que quero. Quero os dois: mais intimidade e mais tempo para mim mesma.

A confusão dela pode ser explicada pela relação existente entre intimidade e autonomia. O contato verdadeiro, principalmente entre amantes, supõe que a necessidade de autonomia tenha que ser satisfeita primeiro, que a gente se "enche" durante os momentos de solidão. Ao contrário, não se consegue ser muito deficiente quanto a sentimento se a solidão é de fato aproveitável e psicologicamente segura. De acordo com a linguagem da psicologia arquetípica, podemos dizer que Josie está, ao mesmo tempo, despojada de Afrodite e Ártemis. Faltam-lhe o elo profundamente tocante com o marido (Afrodite) e a oportunidade de escapar, de estar longe das exigências dos filhos e da vida doméstica (Ártemis). As três crianças, como todas em idade pré-escolar, tratam-na como um objeto doméstico. Mesmo quando ela rouba uma hora ou mais, em momentos tranqüilos do dia, talvez quando as crianças cochilam, ela sempre se sente como um soldado em posição de sentido, uma sentinela em seu posto; durante as 24 horas do dia ela está de plantão maternal.

Minha atenção está sempre do lado de fora. Não posso sair para dar uma volta ou mesmo ler um livro muito absorvente, pois me aborrece ser interrompida a cada dez minutos. Não há maneira de seguir uma linha de pensamento. Para mim a solidão real deveria garantir um dia inteiro de ignorância das necessidades de qualquer outra coisa viva, até mesmo o gato, até mesmo as plantas dos vasos.

Ela nunca está de fato sozinha e raramente se ocupa,

por completo, com o marido. Por isso, às vezes, sonha com uma relação mais íntima, e às vezes sonha em fugir e tornar-se uma figura artemisiana, uma virgem independente, leve como uma corça saltitante, e livre como a estudante que era antes de casar-se. Seu tempo seria livre, seu corpo livre, e teria a mente livre para dedicar-se a algo que lhe interessasse. Não que seus desejos sejam contraditórios, mas ela precisa fazer ajustes de tempo, lugar e fronteiras psicológicas para viver plenamente essas duas realidades opostas e usufruir o contraste entre elas.

Depois de várias sessões examinando esse problema, Josie decidiu tentar o seguinte plano: os filhos iriam para a casa da babá dois dias da semana. O primeiro dia, de segunda-feira ao meio-dia até terça-feira ao meio-dia, seria só para ela, sozinha em casa, para aproveitar a paz e o silêncio. O segundo dia, de sexta-feira ao meio-dia a sábado ao meio-dia, seria para o casal. Eles redescobriram o prazer de fazer amor sábado de manhã, ambos bem descansados e sem ser interrompidos, e seu relacionamento começou a melhorar. Depois de dois meses, Josie resolveu fazer um curso de biologia nas tardes de segunda-feira, para ver se ainda era capaz de retomar os estudos de onde tinha parado. Ela seguiu esse ritmo durante três anos.

Quando o filho mais novo chegou à idade escolar, Josie estava pronta, com o apoio do marido, para estudar em tempo integral. Depois de um ano de trabalho, Josie tinha sido tão bem-sucedida que seus professores a recomendaram para uma bolsa de estudos, a fim de fazer mestrado em biologia. Foi então que ela percebeu estar grávida do quarto filho, apesar de usar diafragma e geléia espermicida.

Quando o farmacêutico me disse que o teste era positivo, foi como se me dissessem que eu seria privada de oxigênio. Senti-me condenada e castigada por ter ousado querer fugir de meu papel biológico. O mundo inteiro parecia dizer-me: "Não tente escapar, seu lugar é em casa até o dia da morte." Fui para casa, e estava obcecada pela lembrança de um programa de televisão a que eu assistira quando adolescente. Acho que se chamava "O prisioneiro". Um homem estava sempre tentando fugir do local em que se achava preso. Mas o lugar era muito confortável, como alguns hotéis de primeira classe dos trópicos, com quadras de tênis, piscinas, acomodações esplêndidas, sala de jantar, e toda a espécie de serviços. Contudo, em cada episódio, nós o víamos imaginando um plano para fugir. Ele sempre acabava sendo recapturado por uma imensa massa redonda que emergia do mar, controlada por seus carcereiros, que ameaçavam asfixiá-lo se fugisse. O último quadro de cada episódio era um portão de ferro batido fechando-se sobre ele com o estrépito de metal frio. Essa foi a imagem que me obcecou na drogaria. Pensei poder ouvir o som de um portão de metal fechando-se sobre mim. Ao voltar para casa, fui ao quarto, vi meus livros de biologia na escrivaninha e comecei a chorar como se fosse morrer. Mas eu nunca experimentara essa ansiedade com os outros três filhos. Eu os quisera.

Apesar das inclinações feministas, e de sempre considerar o aborto um direito fundamental, Josie sentiu-se dominada pela culpa de fazer um aborto para satisfazer as próprias necessidades. Mas a idéia de criar outro filho e desistir dos estudos causou-lhe um pânico total. O marido de Josie ajudou-a a resolver o conflito. Ele não queria um quarto filho e desejava o aborto. Ele não queria uma esposa deprimida e derrotada. Depois de incentivá-la a voltar aos estudos e de colaborar para seu sucesso, ele ficaria desapontado se ela desistisse, tão próxima estava do objetivo, justamente quando poderia obter uma bolsa de estudos. Ele apreciava o seu novo senso de confiança e não queria perder a "nova mulher" que sucedera à dona-de-casa/mãe. De qualquer forma, se ela resolvesse ter o quarto filho, ele não teria recursos para educar os outros três, e contava com a contribuição dela para aliviar o fardo real de suas responsabilidades econômicas. Josie fez o aborto, num estado de espírito extremamente conflituoso. E deixou a terapia.

Durante doze anos não a vi, mas, ao escrever este livro, entrei em contato com ela para saber se alguma vez se arrependera da decisão. Agora, tem doutorado em ciência da nutrição e dirige um laboratório de pesquisa. Os três filhos estão na faculdade. Eis a resposta:

Não, nunca me arrependi da decisão. Foi certa. Mas de uma coisa me arrependo amargamente — de que a vida não é perfeita. Há guerra, e há aborto, e há muitas outras escolhas difíceis. Eu queria ter aquela criança e ao mesmo tempo não me perder. Mas foi impossível. Tinha que fazer uma opção e a fiz. Mas sou grata àquele pequeno ser que só vi-

veu em mim por três semanas. Todas as decisões que tomei desde então foram baseadas numa consciência diferente, a consciência de que a vida tem seu preço, inclusive a minha, e mesmo a vida de um feto abortado pode ter significado.

Hoje sou nutricionista, dou cursos e faço seminários para grávidas em vários hospitais, e recebi uma grande subvenção para pesquisas no Terceiro Mundo. Esse trabalho diz respeito à melhoria da dieta das mulheres grávidas e recém-nascidos em determinadas áreas da África, usando produtos locais. Logo, irei lá. De certa forma, saber quanto me custou a profissão sempre me ajudou a dar o melhor de mim e nunca aceitar meias medidas de mim mesma.

Meu marido teve que parar de trabalhar durante três anos após o aborto, quando eu estava iniciando o doutorado, porque sofreu vários infartos. Acharia ele talvez que um quarto filho estivesse além de suas forças? Eu o ajudei muito. Voltei a trabalhar ao mesmo tempo em que escrevia minha tese, para poder dar-lhe um descanso durante dois anos. Ele provavelmente teria morrido se não tivesse tido esses dois anos para cuidar-se e fazer mudanças na vida. Agora ele está bem e trabalha em meio-expediente. Nossa família está bem.

Se minha filha, ou alguma de minhas amigas, tivesse que optar pelo aborto, eu tentaria ajudá-la a não gastar energia sentindo-se culpada. Eu tentaria ajudá-la a entender que uma mulher adulta, que tem capacidade de escolher, jamais deve comportar-se como uma garotinha que quer uma boneca. Eu lhe diria que muitas vezes é necessário dizer "não" aos filhos para seu próprio bem. "A caridade começa em casa" é a máxima que as mulheres deveriam levar muito a sério.

A metáfora do parto

Meu corpo, também, sentiu a vibração da dor,
E chamei Ártemis, Rainha do Arco;
Ela sempre merece meu respeito quando anda
Na companhia dos deuses.[28]

Sendo o parto uma experiência arquetípica, é também uma das mais significativas metáforas que representam o tormento da criação: produzimos um livro, um quadro, um filme, uma descoberta.

Alguns intérpretes dos mitos consideram a função ginecológica de Ártemis — protetora das mulheres em trabalho de parto — o eco de um mito pré-helênico, cretense ou talvez asiático, no qual Ártemis foi uma das manifestações da Mãe Natureza. Mas a subseqüente evolução do mito apresenta uma Ártemis que nunca foi mãe e, ainda assim, é continuamente invocada pelas mulheres durante o parto. Deve ser possível haver outra maneira de associar a Virgem a mulheres em trabalho de parto; de outro modo as deusas-mães (Gaia, Réia, Deméter) teriam reivindicado essa prerrogativa. É verdade que os mitos evoluem sempre, mas quando certa representação dura ao longo dessa evolução podemos tê-la como significativa. Portanto, houve boas razões para considerar Ártemis, a virgem rainha dos animais, como a protetora das mulheres em trabalho de parto. Ela é também um símbolo válido para todos os indivíduos, homens e mulheres, que estão prestes a produzir uma importante obra de arte.

O corpo da mulher durante o trabalho de parto está recebendo o mais extraordinário nível de impulsos animais que um ser humano possa experimentar. Então é compreensível que Ártemis seja a deusa do parto, por sua intimidade com a natureza, a selva, e os animais fêmeas. De todas as experiências humanas, o parto, junto com a experiência de ter nascido, é a mais selvagem. (A sexualidade também pode nos aproximar da natureza animal, mas isso é território de Dioniso.)

As mulheres que deram à luz muitas vezes dizem que sentiam estar lutando com um animal feroz, que rasgava suas entranhas, e que estavam em estado de *consciência animal*. Este tipo de consciência, personificado por Ártemis, permite à mulher abandonar-se ao trabalho poderoso da natureza. A resistência cria mais dor porque as contrações, justamente chamadas de "trabalho", tornam-se insuportáveis para a mulher que não aprendeu, ou não aprende sob a pressão do momento, a submeter-se ao ataque. A restrição e preocupação civilizadas com respeito à aparência interrompem os movimentos de um corpo feminino em trabalho de parto. Também não há lugar para a histeria emocional, uma expressão muito humana que perturba o animal.

HISTÓRIAS DE MULHERES

As lamentações verbais e súplicas chorosas muitas vezes são sinal de que algo está bloqueando a capacidade de concentração. Ela passa pela experiência como uma mulher sofredora, um ser humano torturado, porque muitas interrupções — discussões técnicas, procedimentos médicos ineficientes, drogas, ou o barulho do movimento de uma típica sala de parto — evitam que a mulher se concentre no aumento das contrações, como quando se galopa em frente sem aumentar a velocidade. Não há como tropeçar durante esse galope impetuoso, porque o animal e o cavaleiro estão ligados entre si como a alma está ligada ao corpo. O ritmo assustador continuará até o fim, até que a criança seja levada à praia, molhada pela travessia, mãe e filho igualmente exaustos. Medéia falou por muitos quando disse: "Prefiro lutar em mil batalhas a dar à luz uma criança."

A Ártemis que monta cavalos selvagens e entra em combate brincalhão com animais foi meu modelo durante o trabalho de parto. Eu a vi trotando, galopando, saltando no dorso de um cavalo impetuoso, e essa visão me ajudou a manter um nível de energia furiosa até o fim do parto. Mas essas imagens também aparecem em outras ocasiões. A criação artística, como a gravidez e o parto, é um esforço do ser total através do qual entregamos, numa suprema explosão de energia, o produto da gestação — uma criança ou uma obra de arte. Ambos requerem tempo, tanto que o artista muitas vezes se sente incapaz de prosseguir, tão pesado está com o trabalho, arrastando-se até a entrega da peça acabada, como uma mulher nos últimos meses de gravidez. Em ambos os casos, é necessária uma grande dose de paciência e confiança no processo natural de gestação e criação, que, na maioria das vezes, permanece abaixo do nível da consciência. Como uma mãe, o artista choca o trabalho com todo o amor de que é capaz, e a vontade inquebrantável transforma-se, geralmente, numa espécie de obsessão. O artista e a mulher grávida têm um traço físico comum — os olhos estão postos em outro lugar, voltados para o que está amadurecendo.

A metáfora pode ir mais além. A mulher dando à luz se esquece da própria cultura e é arrastada pela força primitiva que nela habita. As pessoas que têm conhecimento sobre parto sabem que há um momento — quando a cabeça do bebê passa pela cérvix — em que a voz da mulher torna-se áspera, como a de um animal, e os gritos parecem vir de outro lugar, do passado animal. Esse grito inumano, dado pela mulher como se viesse de outra personalidade, mais primitiva, é uma epifania artemisiana; a natureza indomada toma posse da mulher. Hermes, o deus que abre portas, sempre foi invocado durante o parto, e aqui representa o papel daquele que facilita essa abertura para o novo ser. Uma vez aberta, nenhuma mulher tem força para resistir ao empuxo do bebê, e é esse empurrão, essa força, que imaginamos pertencer a Ártemis, com suas coxas poderosas. Tão logo o esforço é feito e o bebê nasce, a mulher volta à consciência normal e aos hábitos adquiridos, e só então pode receber o filho com sentimento humano. Ártemis volta para o meio da floresta.

Esta experiência da selva é um símbolo válido para a criatividade artística? Dar à luz um trabalho de arte é assim feroz? Qual é o papel do espírito animal no trabalho artístico? O esforço exaustivo para produzir um trabalho de longa duração exige a participação do corpo. É aí que reside a força da razão, no fôlego. A pessoa sente-se possuída, agarrada, comida por alguma besta, que não a soltará até que o trabalho adquira o nível de perfeição do qual é capaz. Seja o que for — escrever, pintar, tocar ou compor música, ou algo mais prosaico como escrever uma tese, desenhar uma casa, escrever um relatório —, mesmo que tudo isto possa precisar de pouca energia física, mesmo que uma pessoa fique sentada durante muitas horas em tarefa intelectual, o animal está presente, e faz parte do esforço. Se o tratarmos com desprezo ele revida, fazendo-nos ficar doentes, desanimados. Ou, pior ainda, vai embora como um gato, cansado de ser negligenciado, deixando-nos sozinhos, sem vitalidade. Nosso espírito animal é essencial para a espécie de inteligência que flui através do corpo como uma memória carnal e sem a qual não há criatividade. A pessoa sente sua inegável presença através de minúsculas pulsações que contêm a nova idéia, a nota exata, uma certa cor, a vez da frase exatamente certa. As reações físicas servem de guia, e é através dos sonhos, sintomas, fantasias e intuições que o espírito animal nos ensina constantemente como deseja ser tratado se quisermos que permaneça nosso aliado. Se deixarmos de prestar-lhe atenção, ele nos ameaça com represálias. É difícil criar algo se o corpo é desprezado.

Isso é o que nos ensina o sonho de Michelle, um sonho habitado por uma estranha fera. Aos 25 anos, Michelle matriculou-se numa escola de arte e começou a carreira de desenhista de móveis. Tal como Josie, ela deixara tudo para criar uma família. Agora que o filho mais novo é adolescente e ela tem 42 anos, ofereceram-lhe a chance de recomeçar a carreira, contanto que organizasse um portfólio mostrando o que é capaz de fazer. Antes de começar a prepará-lo, ela começa com alguns exercícios, peças pequenas, para voltar a acostumar a mão, ao que dedica apenas pouco tempo e energia. Certa manhã, cheia de entusiasmo, ela entra no carro, vai a uma livraria e sai com livros no valor de duzentos dólares, com a intenção de se atualizar com seu ramo de atividade. Compra material numa loja de arte para organizar o portfólio e mais. Durante uma semana, fica intensamente absorta na leitura e no trabalho a ponto de descuidar-se das refeições da família e não atender o telefone. Ela se sente tomada por uma paixão mais avassaladora do que o sexo.

Ao mesmo tempo, teme que isso possa tornar-se muito exigente e a família venha a sofrer, apesar do incentivo constante do marido. Um demônio sussurra em seu ouvido que ela é muito velha, que é muito tarde para recuperar o talento artístico, e que ela desperdiçou dinheiro naquelas compras. Esta última pareceu-lhe absurda, pois Michelle é bastante extravagante e não hesita em comprar o que quer.

HISTÓRIAS DE MULHERES

No fim da primeira semana, sentindo-se culpada por descuidar-se da família, ela fecha a porta do ateliê no meio da tarde, vai ao supermercado, examina com cuidado os novos produtos, e passa o resto do dia preparando uma refeição demasiado elaborada para um dia de semana. Passa a tarde vendo televisão e vai para a cama de mau humor. Eis o que ela sonha.

Eu sonho com um animal pequeno, que parece faminto, com cara e dentes de lobo, mas pequeno como um esquilo. Essa criatura se pendura no galho de uma árvore antiga na floresta em que estou caminhando. Está anoitecendo e há pouca luz. Apesar da escuridão, dirijo-me para a árvore e olho para o galho onde o animal está olhando para mim. Tão logo fito os olhos dele, ele salta com graça para meu ombro e se agarra a mim como se eu fosse um galho. Estou com medo. Imagino que não há maneira de tirá-lo porque não está apenas agarrado com os pés, mas me segura pelo pescoço, com seus dentes prontos para rasgar minha jugular. Sei que não me morderá se eu for junto com ele. Intuitivamente, como se controlada de dentro de mim pelos sinais do animal, volto para casa, para a porta de meu ateliê, e então compreendo com muita clareza que devo voltar ao trabalho imediatamente e continuar até recuperar todos os meus dotes artísticos. Então o animal se soltará, sem me machucar de jeito nenhum. Mas se eu recusar, seus dentes se enfiarão em meu pescoço e sangrarei até a morte.

A partir desse sonho Michelle concluiu que não tinha escolha: ou produzia o portfólio ou perderia a vitalidade.

Voltou ao trabalho com seriedade e, em seis meses, completou o portfólio. Infelizmente, era tarde para conseguir o emprego almejado, mas voltou a ser artista e tinha certeza de que conseguiria outro emprego. Um ano depois, surgiu a oportunidade num centro cultural do bairro em que ela expusera parte de seu trabalho. O animal-sonho fora um guia, um mensageiro de Ártemis.

Uma vez terminado o trabalho, todo artista sente-se vazio e exausto como a mãe novata que, ainda sangrando e suando e com a boca seca, toma suco de laranja antes de voltar ao travesseiro. Apolo, o deus mais associado com as realizações intelectuais, na realidade não é o único arquétipo a influenciar o espírito criativo. As variações de personalidade podem explicar por que os artistas têm relacionamentos diferentes ao intelecto, com mais ou menos importância, de acordo com Ártemis ou Apolo. Mas o artista influenciado por Ártemis revela certa indiferença ao trabalho feito; a aceitação da sociedade não é de especial interesse desde que ele trabalhe com sua arte, pois precisa fazê-lo. Ele já não pode deter o fluxo de auto-expressão, assim como a mulher não consegue parar o nascimento de uma criança. O artista que nega sua arte faz isso sob o risco de dor e neurose. Também não há cartaz, nem maneirismo, ou sentimentalismo para o criador; ele precisa cavalgar a imaginação e não perder o ritmo.

O parto e a criação artística refletem os dois pólos da natureza — a generosidade, que cria vida, e a aspereza, que devasta e às vezes mata o corpo, ou a alma. Os sonhos em que uma grávida se vê morrendo parecem derivar da mesma realidade arquetípica. Pode-se dizer que a medicina mudou as coisas, e hoje poucas mulheres morrem de parto. Também já se foi o tempo em que os artistas quase passavam fome para comprar tubos de tinta. Mas ainda existe o temor da aniquilação que sentem o artista e a mulher grávida. O médico pode mostrar à mulher todos os tipos de estatísticas para provar que ela não tem nada a temer, e o artista pode ser rico e ter tudo, mas a ansiedade básica não mudará porque, junto com a destruição física, há o fracasso da personalidade em expressar-se, a morte da alma. Algumas mulheres, após o parto, só sobrevivem como mãe de alguém: a identidade virginal e o senso de autonomia podem ser eliminados, e os que não têm consciência desse risco são simplesmente ingênuos. Muitas mulheres grávidas sentem esse perigo, que é a origem do medo. Quando uma mulher diz que não quer um filho por não estar pronta e precisar primeiro desenvolver a própria personalidade, não está sendo caprichosa. Sua vida corre risco e, mesmo que uma gravidez indesejada não ameace sua vida fisicamente, poderia feri-la de outra maneira. A destruição da alma não é visível, mas é exatamente tão real quanto a destruição do corpo. Sobreviver com um espírito alquebrado na realidade não é viver.

GINETTE PARIS

A cura da culpa

Assim como livrar-se da poluição não será suficiente para produzir o equilíbrio ecológico, a descriminação do aborto não nos trouxe uma sociedade consciente de seu poder reprodutivo. Precisamos inventar rituais, pensar em símbolos, propor novas idéias, e criar uma rede de apoio a mulheres e casais para que possam domar a decisão num estado de espírito livre de culpa. A falha na contracepção é um erro, mas não um lapso moral; não existe má intenção.

Um dia recebi um telefonema de um jovem, ex-estudante universitário, que pedia uma consulta psicológica. Ele queria levar a namorada, que acabara de sair de uma clínica de aborto. Nenhum dos dois se arrependia da decisão, e tudo tinha corrido bem. Mas ela se sentia extremamente "esquisita" em relação à volta ao escritório no dia seguinte como se nada tivesse acontecido. Durante uma hora discutiram a decisão: achavam-se muito jovens para criar filhos, pois ainda eram economicamente dependentes dos pais; também não estavam seguros a respeito desse relacionamento bastante recente, e desejavam desenvolver aptidões profissionais para ficar independentes da família; por fim, queriam uma família, filhos, um lar, mas, nesse momento, um bebê seria uma catástrofe.

Por fim, à medida que ficava mais evidente que este casal tomara a decisão certa, com a qual ambos estavam satisfeitos, sugeri que fossem a um bom restaurante, pois a garota estivera em jejum desde a noite anterior. Havia *ra-*

HISTÓRIAS DE MULHERES

zão *para festejar:* eles haviam tomado a primeira decisão como um casal consciente de seu poder reprodutivo. Vários dias depois, a garota me telefonou. Queria que eu soubesse que, pela primeira vez na vida, compreendera como era maravilhoso viver num país em que a democracia e o feminismo tinham feito sucesso. Para ela a democracia era apenas uma abstração, e o feminismo parecia um tanto fora de moda. Ela amava o jovem e não queria estragar a oportunidade de ter uma família. Nossa conversa permitira que compreendessem a seriedade do poder criativo e celebrassem a consciência com a qual haviam exercitado esse poder.

Nossa cultura precisa de novos rituais assim como de leis para devolver ao aborto sua dimensão sagrada, tão terrível e necessária. Em muitos casos, a mulher vai a uma clínica como um carro troca de óleo, e os fetos são postos no lixo. O processo todo, como o parto, segue um modelo médico, mas a ferida da alma permanece sem tratamento. Em alguns hospitais os abortos são feitos como numa linha de montagem. Às vezes, a única comunicação entre o médico e a paciente é para se ter certeza de que ela está em jejum. O procedimento hospitalar usual exige que a paciente fique deitada de costas, pernas abertas, enquanto espera o doutor. Ele abre o colo do útero, manobra que muitas vezes provoca um dilúvio de emoção para o qual a mulher não está preparada; a bomba de sucção é colocada e ativada, e acabou-se.

O ritual pode variar em detalhe, mas sua principal característica é ser tão rápido quanto possível. Ele pode ser adequado à parte clínica, mas e o medo, a culpa, a tristeza? A culpa pode ser esmagadora e injusta, no sentido de que só as mulheres carregam o fardo que pertence a todos. A mulher vai para casa e chora e segura a barriga. Algumas são tentadas a esconder-se durante um tempo suficiente para tentar livrar-se de sentimentos de vergonha e culpa, que vão contra o raciocínio consciente, mas que apesar disso sentem. Com quem elas compartilham esse evento? Não há sacerdotes, menos ainda sacerdotisas, para garantir-lhes a absolvição. As que têm mais sorte terão o apoio do homem que as engravidou, uma amiga, a mãe, um terapeuta, ou um grupo médico amigável. Algumas clínicas oferecem uma rede de apoio psicológico (grupo ou individual) e providenciam o ambiente, o ritmo das operações e os relacionamentos de maneira a permitir que as mulheres sejam ouvidas, absolvidas, perdoadas e apoiadas. Mas muitas passam pela experiência sozinhas. Pior ainda, algumas são condenadas pelas pessoas em torno delas, inclusive a própria mãe.

Como a mulher deve comportar-se antes, durante e depois deste importante evento? Essas questões geralmente ficam sem resposta, numa lacuna cultural e religiosa que põe a culpa e a tristeza na mulher, no casal, e talvez nos pais, sem o apoio da sociedade como um todo, ainda dominada pelos valores cristãos. A maioria das mulheres que optam pelo aborto gostam de crianças e são tentadas, muitas vezes inconscientemente, de maneira animal, a conservar o feto. Mas é através da consciência, a consciência feminina, que elas optam por não dar à luz.

HISTÓRIAS DE MULHERES

Um ritual bem adaptado às circunstâncias pode ajudá-las a sentir o amor, a tristeza e o arrependimento relacionados com a interrupção da gravidez. Ouvi mulheres conversarem diretamente com o feto, com um terapeuta num grupo de apoio, e explicar por que é necessária essa separação. Outras escrevem uma carta de despedida e a lêem para uma amiga, o esposo, ou mesmo a toda a família. Outras ainda inventam o próprio ritual de despedida, inspirado talvez por rituais de outras culturas, como a oferenda de uma bonequinha a uma divindade como símbolo do feto abortado.

Além de dizer adeus, a mulher talvez precise conversar sobre como direcionar a energia que não será dedicada a outra gravidez. Muitas vezes a mulher está consciente de ter algo a oferecer. Qual é aquela outra tarefa que deseja realizar? Por que ela lhe parece mais importante do que prosseguir com a gravidez? A que ideal ou conjunto de valores está sendo sacrificado o feto? É conveniente pensar sobre o assunto e comunicá-lo a outra pessoa. É aqui que um grupo ou um ritual podem ajudar, junto com uma atmosfera que permita que o ritual tenha efeitos benéficos. Não nego que algumas mulheres são motivadas pelo egoísmo, pois ele existe em todas as espécies de decisão, até na decisão de ter um filho (que então é uma boneca, uma compensação, uma arma na relação do casal, um troféu, uma prova de fertilidade, uma projeção da ambição de alguém). Mas escolher uma carreira não é um ato egoísta.

Se uma jovem aborta antes de ter tido um filho, é aconselhável que, logo após o aborto, ela segure um bebê nos braços, embalando-o e sentindo a beleza especial de um recém-nascido. Certas adolescentes acreditam que fazer um aborto é sinal de que não serão boas mães! É conveniente que pensem sobre o *aborto como uma decisão maternal*, a responsabilidade de uma mãe, a primeira que uma mulher tem de tomar, muitas vezes sem qualquer experiência prévia de maternidade. Essa é a razão pela qual é importante não separar-se de bebês quando a mulher aborta pela primeira vez e nunca deu à luz. É como ocorre com as vítimas de acidentes, que são aconselhadas a voltar a dirigir, tão logo seja possível, para que não sejam dominadas pelo medo que aumenta com o tempo.

O aborto é algo deprimente.

É como outras experiências de vida, como quando nos defrontamos com um amor impossível ou o fim de uma amizade, sacrificados em nome da razão, ou da necessidade. A dor de ter de dizer não é a mesma. Sentimos que poderíamos ter amado, ou ainda amar aquela pessoa pelo resto de nossa vida, mas é simplesmente impossível. Na maioria dos casos, o feto abortado representa um amor impossível. É raro uma mulher abortar por não gostar do feto. Ela o sacrifica em nome de algo que, nesse momento, julga ser mais importante, sejam os filhos já existentes, sejam aqueles que ela terá um dia, ou a própria sobrevivência física, econômica ou psicológica, ou o destino do planeta.

Uma amiga ofereceu-me seu testemunho ao saber que

eu estava escrevendo este livro. Sete anos depois de um aborto ela resolveu escrever sobre sua experiência com detalhes e me permitiu acrescentá-la a este capítulo. Ela é parteira profissional.

Adeus, meu amor

Naquela manhã, ao acordar sentindo os bicos dos seios irritados e um peso sutil no baixo ventre, eu já sabia que estava grávida. Era a primeira vez que isso acontecia quando eu não queria que acontecesse. Pensei somente nisso, noite e dia, durante duas semanas. Eu queria pesar tudo, pensar em tudo, todas as alternativas, todos os ângulos, tendo em conta a energia, o apoio e o dinheiro que tinha, ou mesmo disponível. Não importa como eu visse essa gravidez, a conclusão a que chegava era a mesma: sozinha com dois filhos, sem qualquer ajuda do pai deles, eu só poderia aceitar um terceiro filho através de alguma forma dúbia e cara de heroísmo de minha parte. Eu estaria dando vida à custa de absorver o pouco de energia que sobrava de meu trabalho. Eu estaria dando vida em detrimento de meus dois filhos pequenos, que ainda precisavam muito de mim. E, por fim, deixaria de progredir no trabalho que adoro, o trabalho que me nutre, o trabalho que era e ainda é minha contribuição para o mundo. A decisão ficou clara, foi marcada a hora, e contudo eu estava inconsolável. Várias vezes ao dia, nos momentos mais inesperados, eu era dominada por lá-

grimas que tinha dificuldade para esconder, ou justificar para os dois filhos, muito novos ainda para compreender. Meu coração estava partido.

Como contra-senso, durante esse período de reflexão e cálculo, meu coração esteve a ponto de fazer o que faria por meus dois outros filhos, amando esse pequeno ser enrolado em algum lugar de meu ventre. Tive conversas longas e silenciosas com ele. Por que veio? Por que o absurdo da falha do contraceptivo? E, acima de tudo, por que estas ondas de amor por ele, exatamente como se eu estivesse prestes a recusar-lhe um lugar, e portanto uma vida? As ondas de amor eram tão físicas que estavam além de meu controle; elas me submergiam, todos os dias, de um modo doloroso e sensual, como influxos de leite. Eu apenas me deixava deslizar, febril e amorosa, plena mas sem estar redonda ainda, um tanto intoxicada como no início de um caso de amor. Então, por que recusar tudo aquilo? O absurdo dilaceramento de um processo de aborto parecia intolerável. Eu tinha de encontrar uma resposta no mais profundo de meu ser.

Durante uma dessas inexplicáveis conversas amorosas, eu me senti como se estivesse carregando dentro de mim alguém que tivesse morrido em total esquecimento, no anonimato, longe dos entes queridos. E que tivesse voltado desta vez para ajeitar sua partida da vida. Apenas a partida. Mas desta vez em consciência plena e carinhosa. E eu podia dar isso. Não sei de onde veio a idéia, nem se é importante; ela deu significado àquilo por que eu estava passando e me

permitiu comprometer-me de todo o coração com minha decisão e meu amor.
 Foi o que fiz, até a noite anterior à consulta. A separação abordou e oprimiu meu coração. Chorei tanto naquela noite que pensei que uma represa tivesse se rompido. Perguntei a mim mesma: "Por que estou chorando? A morte de um feto? Minha crueldade? Um filho que jamais conhecerei?" A amiga que me ofereceu o ombro para chorar assegurou-me que a resposta não era importante, e o que eu precisava era permitir-me sentir a dor. Mas eu achava que encontraria uma pista na resposta. De repente compreendi, através das lágrimas, que eu temia não ser uma boa mãe para esse bebê. Mas as mães ruins, se existem, não se preocupam em ferir os filhos. Não, eu não era uma mãe ruim. Ao contrário, eu estava dando a essa criatura o melhor de mim, como fizera com os outros dois. Tudo isso me veio com tanta certeza que fui tomada por uma grande sensação de paz, e fui dormir com alguns soluços restantes apenas.
 Acordei com o mesmo estado de espírito, calma, triste e serena.
 Ao chegar minha vez, estiquei-me na mesa, pés nos estribos, pronta para soltar meu queridinho. Mas, tão logo o médico tocou minha cérvix com o primeiro instrumento de metal, fiquei terrivelmente nauseada e suando em bicas; tudo caiu para trás, a sala toda ficou escura. Começaram a jogar água fria em meu rosto, verificar a pressão arterial, chamar-me, enquanto eu me esforçava para respirar para não perder a consciência. Eu estava em estado de choque,

meu corpo reagindo violentamente àquilo que eu percebia como perigo mortal. Durante muito tempo depois, me perguntei por que aquilo acontecera, pois eu estava em paz com a decisão. Compreendi que, embora a cabeça e o coração aceitassem a perda, o útero ainda via ali uma ameaça mortal e protestava com toda a força, na tentativa de proteger seu pequeno inquilino. Eu me orgulhava de meu útero por fazer seu trabalho tão bem.

Depois que tudo serenou, o procedimento continuou suavemente. Um instrumento, depois outro. Respire, respire, respire. Diga sim, diga sim. E quando a máquina fez um barulho horrível, absurdo, falei com ele: "Adeus. Adeus, meu lindo amorzinho." E tudo terminara. E chorei. Então a máquina se fechou. Meu bebê partira, na realidade. O resto do dia passou calmamente, minhas mãos sobre a barriga para aquecê-la, e uma espécie de dor muda ou a lembrança da dor. De vez em quando, algumas lágrimas de tristeza. Apenas tristeza.

No dia seguinte, a vida voltou ao normal. Mas, curiosamente, encontrei alguns amigos que me perguntaram: "O que está acontecendo com você? Está tão radiante hoje, tão entusiasmada." O que está acontecendo é que acabo de fazer um aborto, vivi um amor impossível e realizei uma grande reconciliação comigo mesma. Mas isso foi meu segredo e minha dádiva.

Agora, sete anos depois, choro ao escrever isto. Não com arrependimento ou remorso. Apenas lágrimas de tristeza. Meu querido ainda está vivo, mas muito longe. E eu sou a mãe dele.

HISTÓRIAS DE MULHERES

Pecadora, não: estúpida!

Quando os poetas gregos ou latinos fazem os deuses falarem, muitas vezes deploram a loucura humana. As divindades reclamam que os humanos são tão orgulhosos, tão ciumentos, tão descontrolados em suas ambições que eles, os deuses, têm que se zangar e impor ordem para fazer que os humanos sintam os resultados de sua estupidez! Então, quando os pagãos enfrentavam as epidemias, a fome, a loucura, os pesadelos, se perguntavam: Que deus ou deusa ofendemos com nosso comportamento? Por que estamos sendo punidos? Que loucura de nossa parte pôde desencadear tal calamidade? Estas perguntas podem parecer superstição, mas são um modo de falar através de imagens. Os gregos antigos tomavam as divindades com um grão de sal maior do que era usado para temperar nosso catecismo!

Hoje usamos outro vocabulário. Nós nos perguntamos: qual é meu problema? De onde vem minha neurose? Que valores estou negligenciando? De onde vem este sintoma psicossomático? Em vez de dizer: "Estou doente porque comi mal e não faço exercício", os gregos antigos desenvolveram a mesma idéia, dizendo: "Estou doente porque ofendi Deméter (a deusa da nutrição). Ou porque não respeito o deus do esporte (que podia significar Ártemis, no caso de uma adolescente, ou Hermes, ou Apolo, dependendo do contexto)." Em outras palavras, a visualização da raiva de um deus era um modo de reconhecer a loucura de um ato, culpando uma norma importante que alguém insistia em descuidar.

Na cultura atual, não é pecado nem, por enquanto, contra a lei poluir o pequeno regato dentro de minha propriedade, devastar a floresta, transformar um parque num estacionamento. Pelo mesmo raciocínio, a taxa de desemprego entre os jovens, o sofrimento das crianças abandonadas, e o isolamento dos velhos não aparecem como pecados em qualquer código religioso atual. Contudo, os que têm consciência de um quadro global maior sabem que algo muito sério está acontecendo. O erro é sério; nós o consideramos uma estupidez inaceitável e inacreditável, não um pecado. Os ecologistas e os pagãos concordam neste ponto: não é uma questão de pecado, apenas estupidez. O julgamento de valor pagão não se baseia num dogma que perdoa isto ou aquilo, mas nas conseqüências de um ato.

Até hoje o aborto tem sido julgado de acordo com o dogma cristão; é pecado porque é proibido pela Igreja, e a Igreja não pode mudar de posição, pois está escrito na Bíblia, e se começarmos a mudar o dogma escrito a religião toda ruirá. As religiões monoteístas baseadas num livro (cristão, judeu, muçulmano) funcionam de acordo com códigos escritos (dogma), que divide o comportamento em pecado e virtude, de uma vez por todas. Mas, tão logo adotemos uma perspectiva mais global e menos dogmática, podemos ver a loucura que é sacrificar a mãe pelo bebê, a estupidez dos procedimentos obstétricos que só consideram o conforto e a segurança do feto (como se mãe e filho não fossem interdependentes), e a loucura de uma posição moral que força as mulheres a ter filhos quando a primeira necessidade de uma criança é ser querida.

Vergonha e culpa

O *pecado* tem uma carga de sentimento de culpa, enquanto a *estupidez* provoca uma sensação de vergonha. Quando se confessa um pecado, dá-se a penitência, e pronto. É o mesmo com as infrações do código civil; a pessoa é pronunciada culpada, paga seu débito à sociedade, e estamos quites outra vez. Mas quando se faz algo estúpido, sente-se vergonha, fraqueza. A vergonha é uma experiência interior, relacionada com nosso mais profundo ser; é por isso que ela provoca reações psicológicas incontroláveis como o rubor. O antropólogo E. R. Dodds estabelece uma distinção fundamental entre a cultura baseada na vergonha, geralmente oral, e a baseada na culpa, com um código de lei escrito e um sistema judicial para fazer cumprir a lei.[29] Numa cultura de culpa, não há nada de errado se o infrator não é apanhado, e também não há vergonha. Mas esta diferença nunca é absoluta; o aborto, por exemplo, é uma mistura dos dois. Embora não sendo mais um ato criminoso, as mulheres que abortam sentem vergonha e culpa.

A vergonha sempre expressa os valores que nos são transmitidos por nossa cultura. Ela surge sempre que desrespeitamos um padrão de comportamento, importante para nós ou para a comunidade que nos cerca. Não conseguimos eliminar sentimentos de vergonha, mas é possível mudar a ênfase. Todas as culturas usam a vergonha para muitos tipos indispensáveis de treinamento: uma criança, por exemplo, tem que entender, não importa com quanta habilidade seja tratado o incidente, que uma certa soma de desgraça está vinculada a fazer xixi no tapete da sala, a desobedecer às convenções sociais. A vergonha e a culpa são inevitáveis no processo educacional. Mas o consenso social precisa ser reexaminado a intervalos regulares, além de fazer perguntas, sempre: De onde vem essa culpa? É realmente vergonhoso não cortar a grama? Devo envergonhar-me de não ter sucesso financeiro? É vergonhoso ser gordo, feio, velho, sozinho? Ser jovem e ter uma ereção na praia? Ser analfabeto, pertencer a um grupo étnico inferior? Ter um sotaque irritante? Ver minha mãe cometer uma gafe?

O estudante universitário deve envergonhar-se por não compreender uma frase como "o reducionismo histórico é apenas a exclusão contraditória da redução formalista", e ficar tão envergonhado que não ouse abrir a boca durante um semestre inteiro?

Vinte anos atrás, durante uma reunião do departamento que eu presidia, fiquei envergonhada ao verificar que estava saindo leite de meus seios, fazendo um círculo cada vez maior em minha blusa. De que eu tinha vergonha? De fingir ser uma intelectual tendo seios de mãe que amamenta? De ser mulher?

É psicologicamente aconselhável, ao tratar a vergonha

de maneira individual, perguntar: "Que valores respeito, e o que considero um tipo destrutivo de preconceito?" A terapia tenta nos ajudar a ver se há acordo entre os valores aceitos e os sentimentos. O cristianismo nos ensinou a ter vergonha do corpo, de certas emoções, da feminilidade, e muitos terapeutas vivem tratando do embaraço que fica no subconsciente mesmo quando achamos que nos livramos de velhas críticas religiosas. Mas, no inconsciente coletivo, a tarefa está pela metade. Por exemplo, eu quisera saber por que os estupradores não sentem vergonha. Esse é um dos mistérios no tratamento de homens violentos; eles não têm vergonha de sua violência. Por que os grandes poluidores industriais não têm vergonha? E os grandes escroques? E os políticos mentirosos? A vergonha parece estar patologicamente ausente em muitos ambientes contemporâneos e abundante em outros.

Uma *ecologia pagã* poderia fornecer uma nova perspectiva sobre a vergonha, em nível coletivo, assim como a psicoterapia pode nos ajudar a difundi-la em nível pessoal. Quando deixamos os padrões religiosos tradicionais, acreditamos que o código civil, sistema baseado em procedimentos legais, prova de culpa e castigo, seria suficiente para manter os valores coletivos. Mas uma lei proibindo a poluição de riachos jamais será suficiente se o perpetrador não sentir vergonha, se não se sentir *pessoalmente sujo* ao pensar em jogar lixo em água pura. Se nos ativermos apenas a leis e regulamentos, precisaremos de câmaras de vídeo atrás de cada árvore para *apanhar* a pessoa no ato. E todos esses poluidores em grande escala, donos de indústrias e legisladores continuarão a exibir a mesma ausência patológica de vergonha. Chegaremos a um impasse legislativo.

Os poluidores conscientes do que fazem são semelhantes, em composição psicológica, aos homens presos por violência doméstica. Esses homens prontamente admitem o que fizeram; eles sabem que violaram a lei. Mas para eles a lei é um pouco como o limite de velocidade de uma estrada. É uma amolação. Seria muito melhor você dirigir o carro tão rápido quanto puder e bater na mulher e nos filhos quando quiser. Sofrer restrições, ser apanhados e punidos, é o que os aborrece profundamente, mas eles não sentem vergonha. Para eles, a violência doméstica, a poluição e o excesso de velocidade são a mesma coisa. Num quadro mental similar, não ocorre a essas pessoas que a falta de controle ambiental por parte delas faz com que se sintam mais isoladas como seres humanos.

É tolice querer eliminar os sentimentos de vergonha porque eles são um sinal de internalização de um valor moral. Mas devemos monitorar, constantemente, os valores ligados à vergonha ao educarmos a próxima geração, para que a vergonha possa ser posta de lado quando não expresse nossos ideais e possa ser revivida quando pareça estar patologicamente ausente. A vergonha sentida após um aborto deve ser parte dessa reavaliação. Quando o aborto é necessário, não deve haver vergonha mas, sim, um novo consenso de que é vergonhoso ter um filho que não pode ser cuidado adequadamente.

HISTÓRIAS DE MULHERES

As mulheres e as moças, universalmente associadas com a natureza, tornam-se estupráveis e usáveis numa cultura que não valoriza o que Ártemis representa. A filósofa Mary Daly, uma feminista de intransigência artemisiana, por analogia com o sistema de castas indiano, fala de mulheres como uma casta internacional de "tocáveis".[30] Quando uma cultura se recusa a reconhecer o valor inerente da mulher, quando seu valor é medido quando relacionado a outro valor, a criança ou o homem, percebe-se a autoconsciência como uma ausência, de acordo com Daly, desde que a mulher só pode ser vista no contexto de sua utilidade relativa. Nesse contexto, ela diz, as mulheres são tocáveis, os recursos naturais são exploráveis, e as crianças podem ser maltratadas.

Alguma parte da natureza e alguma parte das mulheres deve permanecer virgem. A pessoa deve preservar em si mesma, seja homem ou mulher, uma força intacta, inviolável e radicalmente feminina; essa é a parte artemisiana da *anima*, que guarda a zona indomada de nossa psique, sem a qual corremos o risco de nos transformar em seres humanos superdomesticados, tão facilmente tocáveis.

Esta mesma qualidade nos permite visualizar um mundo de crescente respeito pelas crianças, um mundo em que se pode, ocasionalmente, recorrer ao aborto quando é necessário sacrificar o feto por uma causa mais elevada, ou seja, o amor das crianças e a recusa de vê-las sofrer.

Aborto como sacrifício a Ártemis. Aborto como sacramento — para que o dom da vida permaneça puro.

NOTAS

Todas as traduções do francês para o inglês são da autora e tradutora.

1. Juvenal, 6.592-96, em Guy Fau, *L'émancipation Féminine à Rome* (Paris: Ed. Les Belles Lettres, 1978), p. 22.
2. Ver Andrew White, *A History of the Warfare of Science with Theology in Christendom* (Nova York: George Braziller, 1955).
3. Georges Vetter, *Magic and Religion* (Nova York: Philosophical Library, 1973).
4. Veja Barbara G. Walker, *The Woman's Encyclopedia of Myths and Secrets* (Nova York: Harper & Row, 1983).
5. Bonnie S. Anderson, Judith P. Zinsser, *A History of Their Own* (Nova York: Harper & Row, 1988), p. 137.
6. Estas práticas incrivelmente perigosas ainda vigoram em muitos países. Pode-se ler, por exemplo, em *Preventing Maternal Deaths* (Ed. Erica Royston e Sue Armstrong [Genebra: Organização Mundial da Saúde, 1989], p.125) que, em Bangladesh, um abortivo deve conter quinino, perman-

ganato de potássio, ergotina, ou mercúrio, ao passo que,
na Malásia, as pílulas feitas de óxido de chumbo e óleo de
oliva são vistas nas prateleiras dos supermercados.
7. J. Hufton, S. Langer, "Infanticide: A Historical Survey", *History of Childhood Quarterly* 1/3 (1974).
8. *Preventing Maternal Deaths*, p. 111 (nota: este livro está disponível no Pan American Sanitary Bureau, Regional Office of the WHO, em Washington, D.C. 20037-2895).

Para ser precisa, até cerca de 1980, o número anual de mortes relacionadas a abortos, em regiões em desenvolvimento, era estimado em 204.450. Acredita-se que esse número é moderado, pois se baseia em internações em hospitais por complicações de aborto. É sabido que, em muitos casos, a mulher morre sem ter a chance de procurar ajuda.

Esta estatística inclui apenas as regiões em desenvolvimento (América Latina, África, Sudeste da Ásia e Oceania, Sudoeste da Ásia e Sul da Ásia). No relatório da WHO lê-se que, na América Latina, as complicações de abortos ilegais parecem ser a principal causa da morte de mulheres entre quinze e 39 anos. Do mesmo modo, a taxa de aborto entre as mulheres de mais de 39 anos é duas vezes superior à das mulheres entre vinte e 24 anos (p.110), o que significa que a maioria das mortes ocorre entre mães jovens que já têm de três a cinco filhos. Entre 10 e 30% dos leitos das alas de ginecologia e obstetrícia da maioria dos hospitais da América Latina estão cheios de mulheres vítimas de complicações de aborto. A Igreja católica, sem dúvida, ainda desempenha um importante papel na

NOTAS

questão de manter a legislação restritiva do aborto e na tentativa de assegurar que as clínicas de aborto sejam inacessíveis, mas a Igreja parece ter pouca ou nenhuma influência prática na atitude individual das mulheres que não desejam a gravidez (p.119). Relatórios de vários países em desenvolvimento citam o aborto como uma das principais causas de morte de mulheres, se não a principal (p.110). O número anual de mortes devidas a abortos ilegais eram muito mais altos. A partir da legalização do aborto em muitos países, houve uma radical diminuição no número de acidentes, embora não haja estatísticas anteriores. Mas, considerando que se estima entre quarenta e sessenta milhões o número de abortos realizados todos os anos no mundo todo, e sabendo que os abortos ilegais apresentam risco de morte entre cem e quinhentas vezes maior do que os procedimentos médicos, pode-se imaginar qual o número anual de mortes antes da legalização do aborto em muitos países.

E mais, o número de duzentas mil mortes por ano não leva em consideração a morte de mães no parto ou semanas após o nascimento de uma criança, em todos os casos em que a gravidez foi prognosticada como fatal, por causa de saúde precária, má nutrição, ou ausência de instalações médicas para casos de alto risco. O número estimado de morte de mães em países em desenvolvimento (relatório da WHO, p. 31) é estimado em cerca de meio milhão de mulheres por ano — das quais quase todas poderiam ser prevenidas com cuidados adequados, contracepção e abortos seguros.

9. Pranay Gupte, *The Crowded Earth: People and the Politics of Population* (Nova York: Norton, 1984).
10. Elaine Pagels, *The Gnostic Gospels* (Nova York: Random House, 1979).
11. V.L. Bullough, *The Subordinate Sex* (Chicago: University of Illinois Press, 1983).
12. O professor Clifford Grobstein, embriologista da Universidade de San Diego, dedicou mais de dez anos ao estudo da reação fetal. Os resultados foram publicados em *Science and the Unborn* (Nova York: Basic Books, 1988). Atualmente, ele é membro dos comitês de ética de duas organizações estabelecidas para discutir a questão do aborto: a American Fertility Society e a Catholic Health Association. No curso de uma entrevista para a revista *Psychology Today* (setembro de 1989), Elisabeth Hall pede sua opinião, como embriologista, sobre o filme de propaganda do Pró-Vida *The Silent Scream*. Ele chama de "pura fantasia" a interpretação do movimento reflexo de um feto de doze semanas como dor, porque o aparelho neurológico responsável pelo que chamamos de dor ainda não está formado no cérebro.
13. Eurípides, *Hippolytus*, II. 73-74.
14. "The Second Hymn to Artemis", em *The Homeric Hymns*, 2a rev. ed., trad. Charles Boer (Dallas: Spring Publications, Inc. 1979), pp. 4-5.
15. Franz Cumont, *Oriental Religion in Roman Paganism* (Nova York: Dover Publications, 1956), p. 119.
16. De acordo com Heródoto, o primeiro historiador grego e contemporâneo de Eurípides.

NOTAS

17. Eurípides, *Iphigenia in Tauris*, trad. Witter Bynner em *Euripides II*, The Complete Greek Tragedies (Chicago: University of Chicago Press, 1960).
18. Eurípides, *Iphigenia at Aulis*, em *Complete Greek Tragedies* (Nova York: The Modern Library, 1958), vol. 7, II. 1581-595.
19. Eurípides, *Orestes*, 1146-149 (traduzido do francês).
20. Eurípides, *Iphigenia at Aulis*, em *Complete Greek Tragedies*, II. 1377-385.
21. Ibid., II. 1416-420.
22. Ibid., II. 1482-489.
23. Homer Smith, *Man and His Gods* (Boston: Little, Brown & Co., 1951). Ver também Robin Lane Fox, *Pagans and Christians* (Nova York: Knofp, 1987).
24. A chamada pílula francesa, desenvolvida de fato por um grupo de pesquisadores suíços e franceses, é baseada num hormônio descrito como uma antiprogesterona chamada RU-486. Acreditando-se que ele torne a maioria dos abortos supérfluos, parece ser o método mais seguro. A mulher precisa apenas tomar a pílula durante dois ou quatro dias, e o óvulo é expelido com pouco desconforto.
25. Betty Friedan, *The Second Stage* (Nova York: Summit Books, 1981).
26. Isabel, a Católica, rainha da Espanha, fez fortuna com o comércio de escravos, com a aprovação da Igreja.
27. Guy Fau, *L'émancipation Féminine à Rome* (Paris: Ed. Les Belles Lettres, 1978).
28. Eurípides, *Hippolytus*, trad. David Greene, em *Euripides*

I, The Complete Greek Tragedies (Chicago: University of Chicago Press, 1960).
29. E.R. Dodds, *Les Grecs et L'irrationnel* (Paris: Flammarion, 1977), capítulo dois.
30. Mary Daly, *Pure Lust: Elemental Feminist Philosophy* (Boston: Beacon Press, 1984).

Este livro foi composto na tipologia Caslon
224 em corpo 11/14$^{1/2}$ e impresso em papel
Offset 90g/m² no Sistema Cameron da
Divisão Gráfica da Distribuidora Record.

Seja um Leitor Preferencial Record
e receba informações sobre nossos lançamentos.
Escreva para
RP Record
Caixa Postal 23.052
Rio de Janeiro, RJ – CEP 20922-970
dando seu nome e endereço
e tenha acesso a nossas ofertas especiais.

Válido somente no Brasil.

Ou visite a nossa *home page*:
http://www.record.com.br